中国轻工业“十四五”规划教材

高校思想政治理论课主题式实践教学教程

主　编　李军松　张劲楠

副主编　李　瑶

编　委　杨静逸　张　铮　杨新莹

东北大学出版社

·沈阳·

图书在版编目（CIP）数据

高校思想政治理论课主题式实践教学教程 / 李军松，张劲楠主编. -- 沈阳：东北大学出版社，2024.9.
ISBN 978-7-5517-3666-4

Ⅰ. G641

中国国家版本馆 CIP 数据核字第 2024JF1697 号

出 版 社：东北大学出版社
地址：沈阳市和平区文化路三号巷 11 号
邮编：110819
电话：024-83683655（总编室）
024-83687331（营销部）
网址：http://www.neupress.com
印 刷 者：辽宁虎驰科技传媒有限公司
发 行 者：东北大学出版社
幅面尺寸：185 mm × 260 mm
印　　张：12
字　　数：213 千字
出版时间：2024 年 9 月第 1 版
印刷时间：2024 年 9 月第 1 次印刷
责任编辑：潘佳宁
责任校对：杨　坤
封面设计：潘正一
责任出版：初　茗

ISBN 978-7-5517-3666-4　　定价：36.80 元

前　言

根据《〈中共中央宣传部 教育部关于进一步加强和改进高等学校思想政治理论课的意见〉实施方案》《中共中央宣传部 教育部关于印发〈普通高校思想政治理论课建设体系创新计划〉的通知》《教育部关于印发〈新时代高校思想政治理论课教学工作基本要求〉的通知》《高等学校思想政治理论课建设标准（2021 年本)》《新时代高校思想政治理论课教学工作基本要求》《教育部等十部门关于印发〈全面推进“大思政课”建设的工作方案〉的通知》等关于高校思想政治理论课实践教学的相关规定和文件精神，在总结天津科技大学多年以来的思想政治理论课实践教学经验，借鉴其他高校开展思想政治理论课实践教学的成功范例基础上，编写了《高校思想政治理论课主题式实践教学教程》，以期为进一步规范和有效开展高校思想政治理论课实践教学的课程化教学设计与实践提供教与学的参考。

为了全面贯彻党的教育方针和深入贯彻教育主管部门指示和文件精神，编者尝试统筹高校思想政治理论课程实践教学环节的学时学分，开展课程化教学设计与实践探索，并以“思想政治理论课综合实践”特色思政必修课程的形式开展实践教学，引导大学生通过“校园实践”“社会实践”两大板块三大类项目五个子项目的学习，努力“在学中做”“在做中学”，积极主动获得“做的经验”“观察的经验”“抽象的经验”。

通过本课程的学习，有助于进一步巩固高校思想政治理论课的理论教学效果，引导大学生学会运用马克思主义立场、观点、方法分析和解决问题，深化对当代中国马克思主义精神实质的理解和掌握，培养大学生的问题意识和创新精神，从而进一步促进大学生深刻领悟“两个确立”的决定性意义，增强“四个意识”，坚定

“四个自信”，做到“两个维护”，增进“五个认同”，树立正确的世界观、人生观和价值观，努力成为能担当中华民族复兴大任的时代新人、德智体美劳全面发展的社会主义建设者和接班人。

本教程共有七章，李军松教授负责第一、二、三、四、六、七章的编写工作，张劲楠副教授编写了第五章，李瑶博士参与编写和校对了第三章，杨新莹教授、杨静逸副教授、张铮助理研究员参与了本教程的编校工作。

在教程编写过程中，本书编写组参考了相关文献资料，查阅和引用了大量已经出版的教材、书刊、网络文章等相关内容，引用了部分大学生个人和团队的作品，在此一并表示诚挚的感谢！本书编写组力争完美，但由于水平有限，书稿难免有不足或疏漏之处，敬请广大读者批评指正，以便我们在今后的教程修撰工作中不断地提高与完善。

本书编写组

2023 年 8 月

目　　录

第一章
“思想政治理论课综合实践”课程实施方案

基于对《〈中共中央宣传部 教育部关于进一步加强和改进高等学校思想政治理论课的意见〉实施方案》《中共中央宣传部 教育部关于印发〈普通高校思想政治理论课建设体系创新计划〉的通知》《教育部关于印发〈新时代高校思想政治理论课教学工作基本要求〉的通知》《高等学校思想政治理论课建设标准（2021 年）》《新时代高校思想政治理论课教学工作基本要求》《教育部等十部门关于印发〈全面推进“大思政课”建设的工作方案〉的通知》等关于高校思想政治理论课实践教学的相关规定和文件精神的认识和理解，本教程以“思想政治理论课综合实践”课程化的形式开展教学设计与教学实践，严格落实学时学分，实现在校大学生全员覆盖，引导大学生通过“校园实践”“社会实践”两大板块的项目学习，了解世情、国情、党情和民情，认识自我，认识社会，学会运用马克思主义立场、观点、方法分析与解决问题，培育问题意识、创新精神和实践能力，努力让自己成为能担当中华民族复兴大任的时代新人、德智体美劳全面发展的社会主义建设者和接班人，从而更好地服务社会，奉献社会。

第一节　“思想政治理论课综合实践”课程总体规划

实践教学是高校思想政治理论课的重要组成部分，是理论教学的拓展和延伸。以教师为主导，以学生为主体，“思想政治理论课综合实践”课程通过一系列丰富多彩的实践教学活动，引导大学生深化对高校思想政治理论课理论教学内容的认识和理解，把理论学习与实践学习相结合，引导大学生学会运用马克思主义立场、观点、方法观察世界，认识国情，了解社会，从而加深对党的路线、方针和政策的理解，培养和巩固科学的世界观、高尚的人生观和正确的价值观，引导大学生在实践教学活动中深入社会，拓展视野，提高素质，增长才干，从而实现高校思想政治理论课“提高学生思想政治素质和观察、分析社会现象的能力，深化教育教学的效果”的目的。

一、教学目的

“思想政治理论课综合实践”课程是对大学生进行思想政治教育的一门特色必修课程，是高校思想政治理论课的重要组成部分。通过本课程的学习，可以达到如下的目的：

第一，加深大学生对高校思想政治理论课理论教学内容的认识和理解，学会用马克思主义立场、观点、方法分析和解决问题，深化对当代中国马克思主义精神实质的理解和掌握，培养大学生的问题意识、创新精神和实践能力，进一步坚定大学生对中国特色社会主义的道路自信、理论自信、制度自信和文化自信。

第二，锻炼大学生坚强的意志品质，塑造其健康的人格，使其拥有良好的处事原则，克服各种心理障碍，以适应社会发展要求。

第三，围绕大学生普遍关切的国内外经济、政治、文化、社会、生态等领域的问题开展社会实践，增强思想政治理论课教学的实效性和感染力，提升大学生对思想政治理论课程的认同感，从而更好地发挥思想政治理论课在高校意识形态阵地建设和引导大学生培育社会主义核心价值观方面的主阵地、主渠道和引擎作用，进一步深化大学生对社会的认识，使其真正明白、了解和接受马克思主义等相关思想理论，进而树立正确的世界观、人生观和价值观。

二、总体思路

坚持以学生为中心，以产出为导向，“思想政治理论课综合实践”课程围绕某一学习主题开展实践教学活动，以任务链驱动大学生个人或团队“在学中做”“在做中学”，通过“校园实践”“社会实践”两大板块三大类项目五个子项目的学习，积极主动获得“做的经验”“观察的经验”“抽象的经验”，从而巩固高校思想政治理论课理论教学的效果，进一步坚定大学生对中国特色社会主义的道路自信、理论自信、制度自信和文化自信，使其确立正确的世界观、人生观和价值观，努力成为能担当民族复兴大任的时代新人、德智体美劳全面发展的社会主义建设者和接班人。

三、学时、学分安排

“思想政治理论课综合实践”课程统筹普通本科高等院校思想政治理论课的学时学分，分别从“思想道德与法治”“中国近现代史纲要”“马克思主义基本原理概论”“毛泽东思想和中国特色社会主义理论体系概论”等课程中调整出学时学分，严格落实2个学分用于实践教学的要求，精心设计教学大纲，坚决避免实践教学娱乐化、形式化、表面化，全面实现在校大学生全员覆盖。

课　程	调整前	调整后	统　筹
思想道德与法治	48学时/3学分	40学时/2.5学分	8学时/0.5学分
中国近现代史纲要	48学时/3学分	40学时/2.5学分	8学时/0.5学分
马克思主义基本原理概论	48学时/3学分	40学时/2.5学分	8学时/0.5学分
毛泽东思想和中国特色社会主义理论体系概论	48学时/3学分	40学时/2.5学分	8学时/0.5学分
思想政治理论课综合实践			32学时/2学分

四、教学内容

“思想政治理论课综合实践”课程推动实施“1+3+X+1”教学模式，即围绕“1”个学习主题，引导大学生参与“校园实践”“社会实践”两个板块三大类项目五个子项目的学习，包括“前置性学习”项目中的“3”个必修项，即“经典研读”“影视欣赏”“技能培训”；“个性化学习”项目中1个“X”选择性必修项，即从“问卷调查”“访问调查”“虚拟社会实践”项目中选“1”；“持续改进学习”项目中的“1”个选择性必修项，即从“学习展示”“教学设计”项目中选“1”，具体安排如下表所示。

序号	项目类别	课程项目	教学板块	项目学时
1	前置性学习	项目一：经典研读	校园实践	2 学时
2		项目二：影视欣赏	校园实践	2 学时
3		项目三：技能培训	校园实践	2 学时
4	个性化学习	项目四：问卷调查	社会实践	24 学时
5		项目四：访问调查	社会实践	24 学时
6		项目四：虚拟社会实践	社会实践	24 学时
7	持续改进学习	项目五：学习展示	校园实践	2 学时
8		项目五：教学设计	校园实践	2 学时

五、教学要求

（一）教师的职责要求

①负责组织、督导所指导班级的学生参与各项实践教学活动，加强与学生的联系、沟通，及时提供咨询、指导和帮助，积极配合外联工作和协调解决学生在实践教学过程中发生的突发事件。

②在“校园实践”教学过程中，要求对学生做好安全教育培训、项目技能培训；在“社会实践”教学过程中，要求做好观察记录和追踪指导。在课程学习结束后，要求根据学生的学习表现，及时给予项目等级评定和综合等级评定，并评选出优秀学习成果。

（二）学生的学习要求

①在课程教学之初，要与指导教师议定和明确课程学习主题和项目选择，并向指导教师登记备案。

②在“社会实践”教学过程中，要求服从指导教师的统筹安排和指挥，遵章守纪。

③在所有项目学习结束后，要求按照课程学习任务的相关要求认真完成和按时提交作业。

④积极参加课程优秀学习成果的评选活动，参加院系、学校的相关研讨交流。

六、时间安排

“思想政治理论课综合实践”课程属于思想政治理论课必修课，纳入学校本科生教育培养总体规划和教学方案，安排在大学二年级第二学期进行。在校期间，大学生必须参与本课程的学习，通过课程考核，方可获得相应学时学分，并记入学生成绩单。课程考核不合格，则需要参加重修，直至在校考核通过。

七、实施流程

①开学初第一周，马克思主义学院召开指导教师动员大会，启动“思想政治理论课综合实践”课程教学。

②课程第一次课，指导教师组织召开班级动员会，开展安全教育培训，对即将开始的实践教学活动作出相关安排和提出具体的学习要求。

③指导教师应按照学校教务处教学周的安排，认真组织教学，学生在指导教师的引导下完成实践教学项目的学习任务，并按时提交课程作业和参与课程综合评定考核。

八、组织机构

①组建以学校党委为领导的高校思想政治理论课实践教学领导小组，作为“思想政治理论课综合实践”课程的领导机构。

②学校教务处作为“思想政治理论课综合实践”课程的职能管理部门，负责审批教学计划，检查、督导、协调“思想政治理论课综合实践”课程教学活动。

③马克思主义学院作为“思想政治理论课综合实践”课程的指导、组织实施单位和协调部门，负责课程教学内容的修订落实，组织教学大纲的编写，制订授课计划，审核教学经费的使用，检查、督导指导教师的实践教学活动，总结与评价实践教学效果等。

④学校团委、学生处以及大学生社团积极配合，协助开展“思想政治理论课综合实践”课程的教学活动。

九、考核评价

“思想政治理论课综合实践”课程采用项目综合评定方式，实行五级评定，即“优秀”“良好”“中等”“及格”“不及格”。通过综合评定考核的学生获得学分和相应的绩点，“不及格”者重修。

第二节　“思想政治理论课综合实践”课程教学大纲

一、课程基本信息

课程体系/类别：通识教育课程/思政类。

课程性质：必修课。

学时/学分：32 学时/2 学分。

先修课程：“思想道德与法治”“中国近现代史纲要”“马克思主义基本原理概论”“毛泽东思想和中国特色社会主义理论体系概论”。

适用专业：全日制普通本科专业。

二、课程目标及学生应达到的能力

按照理论与实践相结合、育德与育心相结合、课内与课外相结合、线上与线下相结合的原则，学校系统设计和开设“思想政治理论课综合实践”思政必修课程，以促进大学生认识自我，了解世情、国情、党情、民情，促进增进分析与解决问题能力，深化对思想政治理论课理论教学内容的认识和理解，学会用马克思主义立场、观点、方法分析和解决问题；培养大学生的问题意识、创新精神和实践能力；进一步坚定大学生对中国特色社会主义的道路自信、理论自信、制度自信和文化自信，不断增强大学生对伟大祖国、对中华民族、对中华文化、对中国共产党、对中国特色社会主义的认同。

课程目标及能力要求具体如下：

（一）总体目标

通过本课程，帮助大学生树立正确的世界观、人生观和价值观，促进大学生了解社会，了解国情，增长才干，奉献社会，锻炼实践能力，养成高尚品格，增强大学生的社会责任感，全面提高思想政治理论课教育教学效果。

（二）具体目标

①通过“问卷调查”“访问调查”“虚拟社会实践”等项目实践（教学）学习，增强大学生团队成员的合作意识和包容性，提高其有效沟通能力，塑造其健康人格，能够使其克服各种心理障碍，能够在团队中独立承担任务，合作开展工作，完成各个项目的学习任务，发展适应社会发展要求的能力。

②通过“问卷调查”“访问调查”“虚拟社会实践”“学习展示”“教学设计”等项目实践，促进大学生就学习任务与团队成员、校内外人士进行有效沟通和交流，包括撰写研究报告、设计问卷及访问提纲、设计教学设计文稿、学习成果展示陈述发言等。

③通过在“校园实践”“社会实践”两大板块的项目实践，引导大学生树立和践行社会主义核心价值观，理解个人与社会的关系，了解中国国情，明确个人作为社会主义建设者和接班人所肩负的责任和使命。同时，引导大学生准确地把握习近平新时代中国特色社会主义思想，学会运用马克思主义立场、观点和方法，提升观察事物能力，判断形势能力，以及分析和解决问题的能力。

三、课程教学内容与学时分配

“思想政治理论课综合实践”课程的教学内容应基本反映人类的认知规律，符合思想政治教育规律和教学原则，遵循目标导向与问题导向相统一、系统运作和突出大学生主体性参与的教学原则，引导大学生围绕课程学习主题参与“校园实践”和“社会实践”两大板块三大类项目五个子项目的深度学习。

序号	课程模块	课程项目	项目课时	学习要求
1	校园实践 8 学时	项目一：经典研读	2 学时	读后感
2		项目二：影视欣赏	2 学时	观后感
3		项目三：技能培训	2 学时	掌握社会实践技能
4		项目五：学习展示	2 学时	学习成果总结
5		项目五：教学设计	2 学时	教学设计报告书
6	社会实践 24 学时	项目四：问卷调查	24 学时	问卷调查报告
7		项目四：访问调查	24 学时	访问调查报告
8		项目四：虚拟社会实践	24 学时	虚拟社会实践报告

（一）校园实践

本板块包括“经典研读”“影视欣赏”“技能培训”“学习展示”“教学设计”五个子项目，其中，“经典研读”“影视欣赏”“技能培训”属于本课程的“前置性学习”必修类项目，“学习展示”和“教学设计”是本课程的“持续改进学习”选择性必修类项目。

1. 经典研读

紧密结合课程学习主题，指导教师指定或师生共同议定某部马克思主义经典文献，或其他重要文献，与大学生一起开展文献导读和研学活动，并指导大学生完成1000字左右的“读后感”作业。

2. 影视欣赏

紧密结合课程学习主题，指导教师指定或师生共同议定某部经典影视作品，指导大学生在观影之后完成1000字左右的“观后感”作业。

3. 技能培训

指导教师指导大学生学习掌握“社会实践”板块中所涉及的“问卷调查”“访问调查”“虚拟社会实践”，以及“教学设计”等学习项目的相关技能。

4. 学习展示

紧密结合课程学习主题，指导教师指导大学生充分整合“经典研读”“影视欣赏”项目和“社会实践”板块的项目学习成果，制作PPT，在课堂上向师生做现场展示。

5. 教学设计

指导教师指定或学生自主选取某一学习主题，以大学生个人或团队（一般不超过5人）的组织形式，在指导教师的指导下开展研究性学习，实训成果是一份32学时“思想政治理论课综合实践”课程教学过程设计报告书，并提交相应的课程教学资源。

（二）社会实践

本板块包括“问卷调查”“访问调查”“虚拟社会实践”三个子项目，属于本课程的“个性化学习”选择性必修类项目，大学生可以根据自己的知识储备、实践技能、学习偏好等自主决定选择其一完成本板块的项目学习任务，并提交实践学习报告书。

1. 问卷调查

围绕课程学习主题，或指导教师指定，或参考“问卷调查”指南，或学生自主选择，或师生共同议定课题，可采取学生个人或团队（一般不超过 5 人）的组织形式参与社会实践，并完成问卷调查报告书等相关作业。

2. 访问调查

围绕课程学习主题，可采取学生个人或团队（一般不超过 5 人）的组织形式深入社会，或发现身边“美丽”的人、“感动”的事，或进行热门话题追踪等，提交访问调查报告书和访问视频等相关作业。

3. 虚拟社会实践

围绕课程学习主题，可采取学生个人或团队（一般不超过 5 人）的组织形式开展项目学习研究，或创作电子杂志，或创作电子宣传画册，或拍摄微电影，或创作微课等，提交虚拟社会实践作品等相关作业。

四、课程教学方法

（一）课堂讲授

本课程中理论性、专业性比较强的子项目，指导教师需要在课堂内对大学生做理论讲授和专项技能培训，包括“教学设计”指导、“经典研读”的导读、“读后感”和“观后感”的写作方法与技巧指导，以及“社会实践”板块相关的“技能培训”。

（二）学生实践

鼓励和引导大学生结合自己的兴趣和实践能力围绕课程学习主题开展研究与实践，包括“问卷调查”“访问调查”“虚拟社会实践”，以及“学习展示”“教学设计”，这些项目需要学生发挥主动性、积极性和创造性，深入思考，精心设计，“在学中做”“在做中学”，深入现实社会或虚拟社会，获取知识和经验，建构正确的世界观、人生观和价值观。

五、课程考核

以大学生培养目标的达成为主要目的，以考核大学生对各个知识点和实践技能的掌握程度为重要内容，实行五级评定——“优秀”“良好”“中等”“及格”“不及格”，通过综合评定考核的同学获得学分和相应的绩点，“不及格”者重修。考核细则如下表：

考核环节		考核评价细则
校园实践	教学设计	围绕课程学习主题，学生开展自主研学，完成一份32学时的“思想政治理论课综合实践”课程教学过程设计报告书。指导教师根据学生作业的完成情况给予相应等级评定
	学习展示	学生对课程学习过程及学习成果进行课堂现场展示，分享学习心得，相互学习借鉴。指导教师结合学生现场展示表现和学习成果的完成情况给予相应等级评定
	经典研读	学生研读马克思主义经典文献，或其他重要文献，完成不少于1000字的“读后感”。指导教师根据学生作业的完成情况给予相应等级评定
	影视欣赏	学生观看影视作品，撰写不少于1000字的“观后感”。指导教师根据学生作业的完成情况给予相应等级评定
社会实践	问卷调查	围绕课程学习主题，学生开展问卷调查，可采取个人或团队（一般不超过5人）的组织形式，完成问卷调查报告书（个人3000字以上，团队5000字以上）。指导教师根据学生作业的完成情况给予相应等级评定
	访问调查	围绕课程学习主题，学生开展访问调查，可采取个人或团队（一般不超过5人）的组织形式，完成访问调查报告书和提交访问视频。指导教师根据学生提交作业的完成情况给予相应等级评定
	虚拟社会实践	围绕课程学习主题，学生可采取个人或团队（一般不超过5人）的组织形式开展项目学习研究，提交电子杂志，或电子宣传画册，或微电影，或微课等。指导教师根据学生作业的完成情况给予相应等级评定

六、建议教材及教学参考书

①林聚任，刘玉安：社会科学研究方法，山东人民出版社，2004.

②刘畅：社会调查与统计，中共中央党校出版社，1998.

③杜敏智：社会调查方法与实践，电子工业出版社，2019.

④刘松涛，龚秀勇：思想政治理论课阅读文献精选与导读，电子科技大学出版社，2016.

⑤张征：新闻访问教程，中国人民大学出版社，2008.

第三节　“思想政治理论课综合实践”课程教学方案

本节将以“国家安全”“致敬，共和国功勋”课程学习主题为例，呈现高校思想政治理论课实践教学的课程化教学设计，分享“思想政治理论课综合实践”课程教学方案。

教学方案一：“国家安全”学习主题

一、教学目标

①通过“经典研读”“影视欣赏”“教学设计”，引导大学生深刻领悟和准确把握习近平新时代中国特色社会主义思想关于总体国家安全观的思想，并用以观察事物，判断形势，分析和解决问题。

②通过“经典研读”“影视欣赏”“教学设计”项目和“社会实践”板块等相关技能训练，锻炼系统思维，培养开展科学研究的素养和能力。

③通过国家“七患”的故事思政微课，或电子宣传画册的创作学习，或问卷调查、访问调查等了解社会群体对国家安全的认识，帮助大学生更好地了解国内外形势，更加准确地把握总体国家安全观，增强思想政治理论课教育教学的实效性和感染力，提升大学生对总体国家安全观的认同感，从而增强“四个意识”，坚定“四个自信”，做到“两个维护”，增进“五个认同”。

二、学时学分

32 学时，2 学分。

三、教学内容、形式和基本要求

（一）教学内容

1. 前置性学习项目，6 学时

项目一：经典研读，2 学时

结合“国家安全”学习主题，选择具有代表性的经典文献——《墨子》“第五章　七患”，引导大学生研读，了解治国理政存在的七种祸患，即“国防之患”“外交之患”“财政之患”“内政之患”“国君之患”“团队之患”“政权之患”，从而更加深刻理解习近平总书记提出的新时代中国共产党维护国家安全的根本方针政策“总体国家安全观”。同时，指导教师需要为学生做“读后感”的写作方法与技巧的培训，并要求学生撰写与提交一篇不少于 1000 字的“读后感”作业。

项目二：影视欣赏，2 学时

结合“国家安全”学习主题，通过指导大学生观看纪录片《岁月在这儿》，回顾我们祖辈父辈当初所走的艰苦路程，深刻理解“红色政权来之不易”“新中国来之不易”“中国特色社会主义来之不易”“今天的幸福生活来之不易”，并自觉将国家安全、时代发展与个人使命担当紧密联系到一起，争做“胸怀‘国之大者’、具有广阔视野”的“改革闯将”、“追求人的现代化、自由而全面发展”的“五个模范”、“立志民族复兴、有理想有本领有担当”的“青年先锋”。同时，指导教师需要为学生做“观后感”的写作方法与技巧的培训，并要求学生撰写与提交一篇不少于 1000 字的“观后感”作业。

项目三：技能培训，2 学时

结合“国家安全”学习主题，指导教师需要为学生做“个性化学习”“持续改进学习”项目，包括“问卷调查”“访问调查”“虚拟社会实践”“教学设计”的相关技能培训，培养大学生的问题意识和创新精神，提高实践水平和能力。

2. 个性化学习项目，24 学时

项目四：问卷调查，24 学时

结合“国家安全”学习主题，大学生在指导教师的指导下选定调研课题，以个人或团队（一般不超过 5 人）的组织形式开展问卷调查。学生个人或团队需要自主设计调查问卷，深入目标社会群体进行问卷调查，并做好数据分析，撰写调研报告。例如，关于大学生国家安全意识的问卷调查，撰写和提交调研报告。在问卷调查过程中，指导教师需要全程跟踪指导，以及提供力所能及的外联方面的帮助与指导。

项目四：访问调查，24 学时

结合“国家安全”学习主题，大学生在教师的指导下选定访问对象，以个人或团队（一般不超过 5 人）的组织形式深入社会开展国家安全相关话题的访问调查，撰写访问提纲，并做好访问记录，撰写访问调查报告和拍摄访问视频。在访问调查过程中，指导教师需要全程跟踪指导，以及提供力所能及的外联方面的帮助与指导。

项目四：虚拟社会实践，24 学时

结合“国家安全”学习主题，大学生在指导教师的指导下选定项目学习类别，以个人或团队（一般不超过 5 人）的组织形式开展虚拟社会实践，搜集、整理和加工信息资料，创作电子杂志，或电子宣传画册，或微课，或微电影等。

3. 持续改进学习项目，2 学时

项目五：学习展示，2 学时

紧扣“国家安全”学习主题，学生个人或团队在指导教师的指导下整合“经典研读”“影视欣赏”项目，以及“个性化学习”项目的学习成果，参加学习成果的现场展示和优秀学习成果评比活动。

项目五：教学设计，2 学时

围绕“国家安全”，或者选定其他学习主题，以学生个人或团队（一般不超过 5 人）的组织形式开展“教学设计”项目学习，在指导教师的指导下撰写“思想政治理论课综合实践”课程教学过程设计，提交教学任务书、课程教学配套资源，参加现场展示和优秀学习成果评比活动。

（二）教学形式

根据学习项目类型，指导教师需要面向大学生分类指导开展实践教学。在“前置性学习”项目中，以教师讲授为主，辅以学生自主实践。例如“经典研读”导读、“读后感”和“观后感”的写作方法与技巧指导，以及“个性化学习”等相关的技能培训，主要由指导教师进行讲授，学生则在指导教师的指导下自主撰写“读后感”“观后感”，开展“教学设计”等。在“个性化学习”“持续改进学习”项目学习过程中，则以学生自主学习为主，辅以教师指导。

（三）基本要求

①第一次实践教学时，指导教师应在课堂上对学生开展安全教育培训，同时简要介绍课程，包括课程学习主题、教学内容、学习形式、授课方式和学习任务等，并指导学生完成学习团队组建，以及自主选择“个性化学习”项目和“持续改进学习”项目。

②正式授课应从“前置性学习”项目的相关教学开始，指导教师指导学生开展校园实践，共6学时，为后续“个性化学习”项目等提供思想认同、情感认同和技术支撑。

③坚持教师主导、学生主体的教学原则。指导教师应全程参与实践教学，指导大学生参与两大板块三大类项目五个子项目的学习，跟踪了解学生的学习状态和学习进度。学生应边学边做边总结，深化思想认识，升华情感共鸣，习得实践技能，并按照教学安排积极向指导教师汇报学习情况和提交作业、作品。

四、学习任务链

（一）“读后感”

在“经典研读”项目中，在指导教师做《墨子·七患》导读的同时，学生需要边听边读边思考，并结合“国家安全”学习主题撰写不少于1000字的“读后感”。

（二）“观后感”

在“影视欣赏”项目中，在教师指导下观看《岁月在这儿》的同时，学生需要边观看边思考选准感点，并结合“国家安全”学习主题撰写不少于1000字的“观后感”。

（三）社会实践报告书

在“个性化学习”项目中，选择“问卷调查”的学生个人或团队须按照学习要求和统一格式撰写和提交调研报告；选择“访问调查”的学生个人或团队须按照学习要求和统一格式撰写和提交调研报告。

（四）虚拟社会实践报告

在“个性化学习”项目中，选择“虚拟社会实践”的学生个人或团队须按照学习要求提交虚拟社会实践报告书和作品。

（五）持续改进学习

在“学习展示”项目中，学生须围绕“国家安全”学习主题，整合“经典研读”“影视欣赏”“个性化学习”项目的学习成果，制作10分钟以内的PPT，参与现场学习成果展示。在“教学设计”项目中，学生须围绕“国家安全”或其他学习主题开展课程教学过程设计，并在现场阐释教学设计的系统逻辑、教学流程，并提供所需课程教学资料资源。

五、教学评价

根据“读后感”、“观后感”、“社会实践报告书”（“问卷调查”报告书、“访问调查”报告书、“虚拟社会实践”报告书）、“学习展示”或“教学设计”四部分的完成情况，综合评定等级，构成学生课程成绩。其中，“社会实践报告书”评定不是“优秀”等级的，本课程综合评价成绩不能评定“优秀”；任何一部分评定“不及格”，不授予本课程学分，必须参加重修。

具体综合评价办法和评分标准见本章第四节“思想政治理论课综合实践”课程考核办法。

教学方案二：“致敬，共和国功勋”学习主题

一、教学目标

①通过“经典研读”（《共产党宣言》），深刻理解中国共产党建党理论和执政的历史愿景，有助于大学生深化对中国共产党的历史、性质、初心使命的认识和理解。

②通过“影视欣赏”（《功勋》）“虚拟社会实践”（“致敬，共和国功勋”电子杂志的创作），让大学生更加熟知共和国功勋的伟大感人事迹，深刻理解共和国功勋干事创业甘于奉献的原动力，进一步感悟“中国共产党为什么能?”。

③通过“读后感”“观后感”，以及“电子杂志制作”等相关技能的训练，培养和提高大学生的写作技巧和实践能力。

二、学时学分

32 学时，2 学分。

三、教学内容、形式和基本要求

（一）教学内容

1. 前置性学习项目，6 学时

项目一：经典研读，2 学时

引导大学生研读《共产党宣言（节选）》，读懂弄通“中国共产党是什么，要干什么”这个根本问题，进一步理解为什么中国共产党有如此大的动员力、引领力和感召力，让那些“胸怀天下”者愿意跟着中国共产党走，愿意把青春写在共和国的功劳簿上。同时，指导教师需要为学生做“读后感”的写作方法与技巧的培训，并要求学生撰写与提交一篇不少于 1000 字的“读后感”作业。

项目二：影视欣赏，2 学时

引导大学生分组观看电视剧《功勋》之《能文能武李延年》《无名英雄于敏》《默默无闻张富清》《黄旭华的深潜》《申纪兰的提案》《孙家栋的天路》《屠呦呦的礼物》《袁隆平的梦》等八位共和国功勋的人物事迹，深刻感悟共和国功勋“为什么他们愿意为家国交付自己的青春，几十年如一日的坚持、奋斗与奉献?”，答案在昨天，在今天，更在明天！在于他们的昨天今天明天，与国家的昨天今天明天，因中国共产党的昨天今天明天而紧紧地系在了一起，就如我们崇尚的、提倡的，也是他们真正做到了的，把“小我融入大我，青春献给祖国”。同时，指导教师需要为学生做“观后感”的写作方法与技巧的培训，并要求学生撰写与提交一篇不少于 1000 字的“观后感”作业。

项目三：技能培训，2 学时

电子杂志制作等相关技能。

2. 个性化学习项目，24 学时

项目四：虚拟社会实践

组织学生以团队（一般不超过 5 人）的形式分组搜集八位共和国功勋的人物事

迹，在 flbook 3D 仿真翻页电子杂志在线制作平台创作“致敬，共和国功勋”杂志，包括人物评价、追寻“功勋”足迹、汲取“模范”力量等内容。

3. 持续改进学习项目，2 学时

项目五：学习展示，2 学时

组织学生在课堂上现场展示八位共和国功勋的电子杂志，然后汇集成册，完成“致敬，共和国功勋”电子杂志的创作。

（二）教学形式

在“前置性学习”项目中，以教师讲授为主，辅以学生自主实践。“经典研读”导读、“读后感”“观后感”的写作方法与技巧，主要由指导教师进行讲授，学生自主撰写“读后感”“观后感”。在“个性化学习”“持续改进学习”项目中，以学生自主学习为主，在互联网上做信息搜集、加工和处理，创作电子杂志，辅以教师指导。

（三）基本要求

①根据教学安排和课程表，自第 3 周起开始授课。其中，“校园实践”8 学时，包括“前置性学习”项目（“经典研读”“影视欣赏”“技能培训”应在 3 周内完成）、“持续改进学习”项目（“学习展示”在学期末考核评价前完成）。

②“个性化学习”项目之“虚拟社会实践”主要在互联网上完成，指导教师须在第一次实践教学时对学生开展网络安全教育。

③“经典研读”“影视欣赏”属于课程必修和个人项目，在指导教师辅导之后一周内，撰写和提交“读后感”“观后感”。

④“个性化学习”“持续改进学习”项目属于课程选择性必修和团队学习项目，在开展实践教学之前，学生应在指导教师的指导下完成团队组建和分工工作。

⑤指导教师应积极主动地了解学生的学习状态和学习进度，学生也应积极主动按照教学安排向指导教师汇报学习情况，撰写和提交作业、作品，接受指导教师的考核评定。

四、学习任务链

（一）“读后感”

在“经典研读”项目中，指导教师做《共产党宣言（节选）》导读，学生边听边读边思考，并结合“致敬，共和国功勋”学习主题撰写不少于1000字的“读后感”。

（二）“观后感”

在“影视欣赏”项目中，在指导教师的指导下分组观看《功勋》，学生边观看边思考选定感点，并结合“致敬，共和国功勋”学习主题撰写不少于1000字的“观后感”。

（三）电子杂志

在“个性化学习”项目中，统一开展“虚拟社会实践”，按学习要求提交虚拟社会实践报告书和电子杂志作品，并在课堂上做现场展示。

五、教学评价

根据“读后感”“观后感”“电子杂志”“学习展示”四部分的完成情况，综合评定等级，构成学生课程成绩。其中，“电子杂志”评定不是“优秀”等级的，本课程综合评价成绩不能为“优秀”；任何一部分评定“不及格”，不授予本课程学分，必须重修。

具体综合评价办法和评分标准见本章第四节“思想政治理论课综合实践”课程考核办法。

第四节　“思想政治理论课综合实践”课程考核办法

为了提高课程教学质量和教学效果，系统考察大学生的学习能力和学习成效，准确、客观、公正地评定学生的学习成绩和指导教师的教学效果，基于“OBE教育理念”的思考和应用，“思想政治理论课综合实践”课程制定了多维度考核办法与项目完成的评价标准。

一、“OBE教育理念”概述

OBE（outcome based education）教育理念，是一种注重学习成果的教育理念。

这种教育理念强调个性化评定、绩效责任以及强调个人能力，于1981年由美国学者Spady提出来，并于1994年对其概念、内涵以及操作体系进行了明确界定。

相对于传统的教育理念，OBE教育理念的进步之处在于强调学生中心、产出导向和持续改进等三个核心要素。“以学生为中心，OBE的教学目标聚焦于学生毕业之后应具备的能力，教学内容围绕学生能力培养，教学活动支持学生的成功学习，教学评价以学生学习效果为对象，为学生未来职业发展服务；以产出为导向，OBE重视‘情境中有意义学习的高质量的顶峰成果’，并主张学校应根据顶峰成果按照反向设计原则设计课程，分阶段对成果进行评价；OBE的持续改进体现在将评价结果用于教学改进，形成‘评价－反馈－改进’的三层质量闭环，通过外循环持续改进培养目标、通过内循环持续改进毕业要求、通过成果循环持续改进教学活动。”①而且，OBE教育理念更加注重学生完成所有学习过程后获得的最终成果，即能力的养成、知识的内化和创新精神的培养。在OBE教育理念下，学生需要明确自己的学习目标和能力提升方向，通过学习和实践不断提升自己的能力和素质，实现自我价值和成长发展。

经过近30多年的发展，OBE不仅形成了比较完整的理论体系，也积累了众多的实践案例，成为美国、英国、加拿大等西方国家教育改革的主流理念，也逐渐被中国教育界所关注和借鉴。目前，我国正积极推动的工程教育专业认证以及师范类专业认证也都以OBE作为基本理念。当然，在实际应用中，OBE教育理念还需要配合科学的教育体系和教学方法，注重能力的培养和实践环节的设计，同时也需要教育工作者在实践中不断探索和完善，从而更好地促进学生的成长和发展。

二、“OBE教育理念”的实施要点

（一）确定学习成果

确定学生的学习成果，即顶峰成果，也就是最终学习目标。这个目标是学生通过完成所有学习过程后应该达到的能力水平。学习成果应该是可清楚表述的、可直

① 李林慧，钱源伟．基于OBE理念的学前教育专业实践课程重构［J］．教育发展研究，2022（3）：24－30．

接或间接测评的，因此，要将其转换为可测评的绩效指标。

（二）构建课程体系

学习成果代表了一种能力结构，这种能力主要通过课程教学来实现。因此，课程体系构建对达成学习成果尤为重要。“能力结构与课程体系结构应有一种清晰的映射关系，能力结构中的每一种能力要有明确的课程来支撑，换句话说，课程体系的每门课程要对实现能力结构有确定的贡献。”① 课程体系与能力结构的这种映射关系，要求学生完成课程体系的学习后就能具备预期的能力结构。

（三）确定教学策略②

OBE 特别强调学生学到了什么而不是教师教了什么，特别强调教学过程的输出而不是其输入，特别强调研究型教学模式而不是灌输型教学模式，特别强调个性化教学而不是“车厢”式教学。个性化教学要求教师准确把握每名学生的学习轨迹，及时把握每个人的目标、基础和进程。按照不同的要求，制定不同的教学方案，提供不同的学习机会。

（四）持续评估和改进

持续评估学生的学习成果，以及教学设计与实施的效果，以便及时发现问题并改进。评估应该采用多种方式，包括考试、作业、课堂表现等，以便全面评估学生的能力水平。

（五）自我参照评价

OBE 的教学评价聚焦在学习成果上，而不是在教学内容以及学习时间、学习方式上。采用多元和梯次的评价标准，评价强调达成学习成果的内涵和个人的学习进步，不强调学生之间的比较。根据每个学生能达到教育要求的程度，赋予从不熟练到优秀不同的评定等级，进行针对性评价，通过对学生学习状态的明确掌握，为学校和教师改进教学提供参考。

---

① 杨确，杨亦民，李继志. 高校“一流”课程建设研究：以 OBE 理念引导的资产评估教学设计的思考［J］. 快乐阅读，2022（10）：61－63.

② 陈昊烺. 基于 OBE 理念的高职课程诊改的设计研究：以《网络组建与应用》课程为例［D］. 南京：南京师范大学，2019.

（六）逐级达到顶峰

将学生的学习进程划分成不同的阶段，并确定出每阶段的学习目标，这些学习目标是从初级到高级，最终达成顶峰成果。这将意味着，具有不同学习能力的学生将用不同时间、通过不同途径和方式，达到同一目标。

总之，OBE 教育理念的实施需要从学习成果出发，构建课程体系，实施教学设计与实施，并进行持续评估和改进。同时，教育利益相关者的要求和期望也需要被充分考虑。

三、“OBE 教育理念”与课程考核

（一）全面改进课程评价体系

基于 OBE 教育理念运用的思考，“思想政治理论课综合实践”课程的考核评价体系建构将进一步凸显“学生中心”“产出导向”“持续改进”的评价要求。具体而言：

1. 教师绩效责任与学生学习成效相结合

坚持教师主导、学生主体的教学原则，思想政治理论课实践教学实施课程化设计，构建师生学习共同体，实际上把师生一起纳入教学评价体系。不仅要考核评价学生的学习成效，还要评价教师的教学效果，从而进一步督导教师加强教学指导和课程质量建设。教师要为学习成效负责，全程接受学生的教学评价，学生要以精熟教学内容为前提，掌握学习方法，达成学习目标。

2. 单项考核与多项综合评定相结合

本课程设计的学习项目看似可以独立存在，实际上却存在着前后相继的逻辑关系。“经典研读”引导大学生达成思想认同，“影视欣赏”激发大学生的情感认同，“技能培训”为“个性化学习”“持续改进学习”提供技术支撑，可以说，“前置性学习”项目的学习活动和学习成效关系着后续“个性化学习”“持续改进学习”项目学习和学习成效。“持续改进学习”项目不仅可以检验课程目标达成的总体状况，有助于教师及时发现问题改进教学，而且有助于学生在下一次实践中取得更好的效果。因此，本课程评价体系既考察单项学习成效，还综合评定多项学习效果，突出学生全过程参与和有效学习成效。

3. 多元弹性个性化学习和能力本位相结合

坚持产出导向原则，不仅体现在项目学习中的成果产出，更在于“知识与技能”“过程与方法”“情感、态度、价值观”等三个方面的培养，本课程围绕三维培养目标开展教学设计与实践。“个性化学习”项目提供多项选择，引导大学生客观评价自身能力和评估学习偏好，同时辅以“技能培训”赋能相关学习项目，从而能够更好地促进大学生多方面的成长和发展。

（二）课程考核评价办法

课程目标达成度评价包括课程分目标达成度评价和课程总目标达成度评价，该课程目标相关考核环节采用项目综合评定方式，实行五级评定，即“优秀”“良好”“中等”“及格”“不及格”。通过考核的学生获得学分和相应的绩点，“不及格”者重修。

（三）评定标准

1. “经典研读”等级评定标准

完成情况	等级
按时完成指定经典文献作品研读，并提交“读后感”。完全理解作品的主要内容和要点，并且能够围绕课程学习主题深入挖掘作品背后的主题和思想，对作品有独特见解和深入思考，行文规范，结构清晰，文字表达流畅、句子结构合理、言简意赅	优秀
按时完成指定经典文献作品研读，并提交“读后感”。基本理解作品的主要内容和要点，并且能够围绕课程学习主题深入挖掘作品背后的主题和思想，对作品有一定见解和思考，行文结构清晰，文字表达流畅、句子结构基本合理	良好
按时完成指定经典文献作品研读，并提交“读后感”。一般理解作品的主要内容和要点，并且能够围绕课程学习主题挖掘作品背后的主题和思想，对作品有些见解和思考，行文结构较为清晰，文字表达基本清晰、句子结构部分不够合理	中等
按时完成指定经典文献作品研读，并提交“读后感”。一般理解作品的主要内容和要点，围绕课程学习主题挖掘作品背后的主题和思想，对作品缺乏见解和思考，行文结构较为清晰，但是文字表达部分不够清晰、句子结构部分不够合理	及格
未按时完成指定经典文献作品研读，撰写与提交“读后感”。或者虽然按时完成指定经典文献作品研读，且提交“读后感”，但未理解作品的主要内容和要点，不能够围绕课程学习主题挖掘作品背后的主题和思想，对作品没有见解和思考，文字表达混乱、句子结构严重不合理	不及格

2. “影视欣赏”等级评定标准

完成情况	等级
按时完成指定影视作品欣赏，并提交“观后感”。完全理解并准确概述影片的主要内容和所传递的情感，能够围绕课程学习主题深入分析，提出新颖、独特的观点。“观后感”结构清晰，各部分内容衔接自然，完全原创，无抄袭现象，并且文字表达流畅、清晰，逻辑性强，能够准确表达自己的观点和感受	优秀
按时完成指定影视作品欣赏，并提交“观后感”。基本理解并概述影片的主要内容和所传递的情感，能够围绕课程学习主题深入分析，提出自己的观点。“观后感”结构基本完整，部分内容衔接不够流畅，基本原创，少量引用或借鉴。文字基本流畅，能够表达观点，存在少量语病或逻辑不清的情况	良好
按时完成指定影视作品欣赏，并提交“观后感”。对影片的大致内容和所传递的情感有所了解，但理解不够深入或全面。能够围绕课程学习主题进行一定程度的解读和分析，有基本的观点，但缺乏深入的分析或独到的见解。“观后感”结构略显松散，但主体内容基本完整，原创性一般，较多引用或借鉴。文字表达尚可，存在较多语病或逻辑不清的情况	中等
按时完成指定影视作品欣赏，并提交“观后感”。对影片的内容和所传递的情感理解较为模糊，能够围绕课程学习主题进行解读，但观点不够清晰。“观后感”结构松散，各部分内容逻辑联系较差，存在少量抄袭。文字表达部分不够清晰	及格
未按时完成指定影视作品欣赏，撰写与提交“观后感”。或者虽然按时完成指定影视作品欣赏，且提交“观后感”，但几乎未理解影片的内容和所传递的情感，无法进行有效的讨论或评价。“观后感”存在大量抄袭，无个人观点和感受	不及格

3. “个性化学习”等级评定标准

完成情况	等级
按时完成个性化学习项目（问卷调查、访问调查、虚拟社会实践等），提交社会实践报告书。选题新颖，具有重要的理论意义和实践价值。社会实践方法科学、合理，信息收集全面、准确。社会实践报告书结构清晰，内容完整，语言简练准确，表达流畅，逻辑性强。在社会实践过程中表现出高度的责任感和敬业精神，能够积极应对各种挑战	优秀
按时完成个性化学习项目（问卷调查、访问调查、虚拟社会实践等），提交社会实践报告书。选题适当，具有一定的理论意义和实践价值。社会实践方法基本正确，信息收集较为全面、准确。社会实践报告书结构基本清晰，内容较完整，语言比较准确，表达较流畅，逻辑性较强。在社会实践过程中表现出较高的责任感和敬业精神，能够较好地应对各种挑战	良好
按时完成个性化学习项目（问卷调查、访问调查、虚拟社会实践等），提交社会实践报告书。选题尚可，具有一定的专业性。社会实践方法基本正确，但信息收集存在一定不足。社会实践报告书结构基本清晰，内容、分析等方面存在一定不足，语言通顺程度一般，表达基本清晰。在社会实践过程中表现出一定的责任感和敬业精神，但仍有提升空间	中等

续表

完成情况	等级
按时完成个性化学习项目（问卷调查、访问调查、虚拟社会实践等），提交社会实践报告书。选题一般，专业性不强。社会实践方法、信息收集等方面存在明显不足。社会实践报告书结构较为混乱，内容不完整，分析不够深入，语言通顺程度较差，表达不够清晰。在社会实践过程中表现出一定的努力，但整体表现仍需提高	及格
未按时完成个性化学习项目（问卷调查、访问调查、虚拟社会实践等），提交社会实践报告书。或者完成的任务存在严重问题，如选题不当，缺乏理论意义或实践价值。社会实践方法不正确或信息收集存在严重问题。社会实践报告质量极差，无法满足基本要求。在社会实践过程中缺乏责任感和敬业精神，整体表现极差	不及格

4. “学习展示”／“教学设计”等级评定标准

完成情况	等级
熟练运用相关知识，深入查阅资料，积极参与研学活动，创造性地完成教学设计或学习成果展示，整体思路清晰、逻辑性强，充分体现出创新精神和团队合作意识	优秀
能够做到运用相关知识，查阅资料，参与研学活动，较好地完成教学设计或学习成果展示，整体思路较清晰、逻辑性较强，较好地体现出创新精神和团队合作意识	良好
基本做到运用相关知识，查阅资料，参与研学活动，能够完成教学设计或学习成果展示，整体思路较为模糊，逻辑性不够强，基本体现出创新精神和团队合作意识	中等
运用相关知识，查阅资料较差，参与研学活动较为被动，能够完成教学设计或学习成果展示，整体思路不够清晰，逻辑性较差，一定程度体现出创新精神和团队合作意识	及格
未按时完成学习任务。或完成的任务存在严重问题，如教学设计或学习成果展示，整体思路混乱，逻辑性极差，无法体现出创新精神和团队合作意识	不及格

第二章
基于思想认同的“经典研读”实践教学

思想认同是指一个人在思想上对某一观点、理论、学派或文化体系的认可和接受。思想认同是个人在知识、信仰和价值观方面的选择和接受，它反映了一个人的思想倾向和价值取向。在人类社会中，思想认同具有重要的意义，它不仅是个人的精神追求，也是社会稳定和发展的重要因素。当一个人对某种思想体系产生认同时，他会在行动、言论等方面表现出对该思想体系的支持，甚至会将其作为自己的行动指南。

第一节 “经典研读”实践教学技术路线

作为“思想政治理论课综合实践”课程的“前置性学习”项目，“经典研读”是大学生锻炼思维能力和提高理论素养的基础训练和基本路径，既有助于对“经典”所蕴涵的真理力量和行动力量有更加清晰的认识和把握，也有助于对课程学习主题有更加透彻的认识和理解，为本课程后续教学环节奠定思想基础，提供理论指导。

一、“经典研读”的界定

经典研读是通过阅读经典著作来深入学习、理解、思考和体验的一种学习方式，这种学习方式强调学生的自主学习和体验，属于研究性学习和 PBL（problem-based learning）教学的范畴。青年大学生将来是新时代中国特色社会主义事业的中坚力量，需要研读经典，尤其是要研读马克思主义经典，领悟马克思主义基本原理，用经典涵养正气、淬炼思想、升华境界、指导实践。

（一）何谓“经典”

经典是指一些具有典范性、权威性、经久不衰的传世之作，是经过历史选择的、千古流传的、极有价值的、具有代表性的作品。这些著作可能是某个领域的传统作品，也可能是马克思主义理论的重要著作，还可能是某些文学作品。而且，被广泛认可并影响深远的经典作品通常具有普遍性、深刻性和广泛应用性的特点。因此，阅读经典不仅可以帮助大学生更好地理解历史、文化和社会现实，而且还可以为大学生个人成长和职业发展提供指导和启示。

（二）研读“经典”

对待经典，需要有一种尊重和敬畏的态度。经典作品是历史和文化的积淀，是人类智慧的结晶。经典表现于文字形式，但文字本身不是境界，蕴涵于字里行间的是思想。因此，一种深入性的阅读——研读，可以帮助大学生较深入较全面地把握经典，悟得思想真义，并付诸行动之中才是境界。

毋庸置疑，经典作品具有很高的艺术价值和文化内涵。在研读经典时，还应该保持一种批判性的思维，结合当下的社会现实和语境，对其中的观点、思想进行再认识和再思考，并且将经典作品中的观点、思想与自己的实际生活和工作学习经验相结合，从中获取有价值的启示和指导。

总之，对待经典需要有一种尊重和敬畏的态度，同时也要保持批判性的思维，才能从中获取更多的启示和指导，更好地传承和发展经典的文化内涵和价值。

二、“经典研读”的教学过程

一般来说，“经典研读”首先要选择与课程学习主题直接相关的经典著作，或重要文献。然后经过“教师导读”—“学生研学”—“‘读后感’写作方法与技巧培训”—“撰写提交‘读后感’作业”—“教师评价”等环节，帮助大学生深入理解一部经典著作，并获得更深层次的体验和感悟，发现其中的闪光点，将之应用到实践并深刻反思。

（一）明确目标文献

读经典要有针对性，带着目的去读，带着问题去读，才能读有所获，读有所得。因此，必须“精选”经典文献。在明确研读目标时，要选择与课程学习主题相关的经典文献。教师可以向学生推荐“经典研读”书目，或学生自选，经师生共同讨论后确定书目。

（二）教师经典导读

教师对所选经典文献的写作背景、主要内容和当代价值、意义作简介和阐释，故名之为“导读”。指导教师要紧扣课程学习主题进行学习导读，通过对所选经典文献进行基本思想描述、主要观点阐释、整体架构分析、理论意义揭示等，帮助学生认识经典文献的价值，辅助学习、促进理解、引发思考，使大学生从先贤思想中收获思想启发与实践指引，深化对社会问题的具体理解，进而促进思想认同。

（三）学生研学经典

读书百遍，其义自见。通过熟读精思，方能晓经典之意、明经典之理、通经典之神。研读经典需要学生投入大量的时间和精力，要静下心来，从原典出发，既要慢得起来，也要深得下去，并且需要反复阅读和深入思考，才可以更深入理解一部经典著作，并从中获得更深层次的体验和感悟。正如毛泽东所说：“马列主义的书要经常读。《共产党宣言》，我看了不下一百遍，遇到问题，我就翻阅马克思的《共产党宣言》，有时只阅读一两段，有时全篇都读，每读一次，我都有新的启发。我写《新民主主义论》时，《共产党宣言》就翻阅过多次。”①

（四）教师“读后感”写作方法与技巧指导

所谓“读后感”，是指看了一本书、一篇文章、一段话、几句名言等之后，记录具体感受和得到的启示的文章。根据课程学习安排和“经典研读”的学习要求，指导教师需要向学生讲授“读后感”的写作方法与技巧，并结合“读后感”范文引导学生对所研读的经典著作进行思考和评价，从中收获思想启发和实践指导，既培养学生的批判性思维和表达能力，又为本课程后续教学环节奠定思想基础和提供理论指导。

---

① 曾志．谈谈我知道的毛主席［A］．《缅怀毛泽东》（上）［C］．北京：中央文献出版社，2013：315.

（五）学生撰写提交“读后感”

对经典著作的阅读，不能囫囵吞枣，需要反复品味，要善于思考，勤于反思回味，才能逐渐加深认识。在指导教师的指导下，学生须紧扣课程学习主题撰写“读后感”，这样不仅可以锻炼学生书面文字表达能力，而且还可以促进与作者的对话，感受作者的思想脉络，促发不断地思考，从而深化对经典著作的认识并领悟其实践价值。

（六）教师评价

在指导教师经典导读和“读后感”写作方法与技巧指导之后一周内，学生应在指导教师的跟踪指导下完成“读后感”作业，指导教师根据课程考核评价办法和标准给予每位学生作业等级认定。

三、“读后感”的写作方法与技巧

（一）“读后感”的定义

1. 什么是“读后感”

看了一本书、一篇文章、一段话、几句名言等之后，把具体感受和得到的启示写成文章就叫作写“读后感”。读后感就是读书笔记，是一种常用的应用文体。简单来说，它就是看完书后的感触。

2. 何谓“感”

何谓“感”，可以是从书中领悟出来的道理或精湛的思想，或受书中的内容启发而引起的思考与联想，或因读书而引起的决心和理想，或因读书而引起的对社会上某些丑恶现象的抨击、讽刺。

3. 表达方式

“读后感”的表达方式灵活多样，基本属于议论范畴，但写法不同于一般议论文，因为它必须是在阅读而后发的感想、感触。

（二）写好“读后感”的要点

1. 读好原文

“感”是因“读”而引起的，“读”是“感”的基础。要想“读”后生“感”，不仅要读懂原文，而且要求能够理解原文的精神实质，抓准文章的要领。这样才能领悟其中的道理，从而引发自己的感想。例如读记叙文类，要明了原文的主要情节、人物及关系、社会背景、人物精神品质、反映的社会现象、表达的作者思想感情、感人章节等。

2. 选准感点

一篇文章可以写成“读后感”的方面很多，对原文中心、其他内容和对个别句子有感受，都可以写成“读后感”。但一篇“读后感”里只能论述一个中心，切不可面面俱到，所以紧接着便是对众多的感点进行筛选比较，找出自己感受最深、角度最新、现实针对性最强、自己写来又觉得顺畅的一个感点，作为“读后感”的中心，然后加以论证成文。

3. 叙述简明

“读后感”中少不了“叙”，但是它不同于记叙文中“叙”。记叙文中的“叙”讲究具体、形象、生动，而“读后感”中的“叙”却讲究简明扼要，它不要求“感人”，只要求能引出事理。初学写“读后感”引述原文，一般问题是叙述不简要，实际上变成复述了。这主要是因为写作者还不能把握所要引述部分的精神、要点，所以才不简明。

4. 注意联想形式

联想的形式有相同联想（事物之间具有相同性）、相反联想（事物之间具有相反性）、相关联想（事物之间具有相关性）、相承联想（事物之间具有相承性）、相似联想（事物之间具有相似性）等多种。撰写“读后感”尤其要注意相同联想与相似联想这两种联想形式的运用。

（三）“读后感”的格式与写作

1. 拟题方式

第一种拟题方法：直接法，如“《×××》读后感”或“读《×××》有感”。

第二种拟题方法：运用正副标题：正标题，往往简洁而凝练，如“感悟初心和使命”。副标题，点明所读之书或文章的名称，如“——读《共产党宣言》有感”。

这两种拟题方法各有千秋：第一种简洁明了，第二种则显文学韵味。使用时应因文而异，因人而异，不可强求。

2. 正文写作

一篇完整的“读后感”由四部分组成：引材料、析材料、联现实、作结论。

第一步：引材料，即围绕感点，有的放矢地简述原文相关内容。

在通常情况下，“读后感”的第一部分一般会围绕感点，引述材料。这个“感”是由特定的“读”生发的，“引”是“感”的根源，“感”是“引”的目的。写这部分内容就是为了交代感想从何而来，并为后文的议论做好铺垫。引述原文要精简，切忌大段大段地叙述所读书籍、文章的具体内容。

第二步：析材料，即评析材料，提出“感点”。

紧承“引材料”，针对材料进行评析，既可就事论事对所“引”的内容做一番分析；也可以由现象到本质，由个别到一般地做一番挖掘；对寓意深的材料更要深入剖析，然后水到渠成地“亮”出自己的感点，也就是中心论点。

提出的感点，必须与所读材料紧密相关。如果没有“引材料”，感点就是无源之水，流而不远；感点也只能是空发议论，泛泛而谈。所以，读完文章后，应有“引材料”存在。没有“引材料”，只抓住感点进行说理论证而撰写的文章，还不能够算是完整意义上的“读后感”。

第三步：联现实，即对“感点”（中心论点）进行论证。

这一部分是“读后感”的主体部分，是对感点的阐述，通过摆事实、讲道理证明感点的正确性，或正面、反面证明感点的合理性。需要强调的是，所摆的事实、所讲的道理都要围绕感点来展开，而不能游离于感点之外。否则，就会不知所云，下笔千言，离题万里。

还要联系实际，深入论证。联系实际，既可以由此及彼地联系现实生活中相类似的现象，也可以由古及今联系现实生活中相反的种种问题，有时候还可以是个人的思想、言行、经历。联系实际，要有针对性，必须紧扣感点，而不能泛泛而谈，不能脱离感点随意联想，不着边际。

第四步：作结论，即收束全文。

这一部分既可以回应前文，强调感点；也可以提出希望，发出号召。但是不管怎样结尾，都要与前面的几个部分构成一个有机整体，不能格格不入。而且，也要结得自然，顺理成章收束全篇。

四、“经典研读”的参考书目

①马克思、恩格斯：《共产党宣言》。

②马克思：《青年在选择职业时的考虑》《〈政治经济学批判〉序言》。

③恩格斯：《家庭、私有制和国家的起源》《社会主义从空想到科学的发展》《路德维希·费尔巴哈和德国古典哲学的终结》《反杜林论》。

④列宁：《唯物主义和经验批判主义》《谈谈辩证法问题》《马克思主义的三个来源和三个组成部分》。

⑤毛泽东：《论持久战》《青年运动的方向》《新民主主义论》《中国革命战争的战略问题》《改造我们的学习》《论十大关系》《论联合政府》《关于正确处理人民内部矛盾的问题》《反对本本主义》《实践论》《矛盾论》《中国社会各阶级的分析》《星星之火，可以燎原》《湖南农民运动考察报告》《为人民服务》。

⑥邓小平：《在武昌、深圳、珠海、上海等地的谈话要点》。

⑦习近平：《习近平谈治国理政》《之江新语》。

⑧檀传宝：《网络环境与青少年德育》。

⑨李君如：《中国道路与中国梦》。

⑩叶永烈：《红色的起点》。

⑪文小勇：《中国梦：根植历史与现实·对接世界与未来》。

⑫埃德加·斯诺：《西行漫记》。

⑬胡绳：《中国共产党的七十年》。

⑭特里·伊格尔顿：《马克思为什么是对的》。

⑮程建宁等：《活着的马克思》。

⑯陈学明：《中国为什么还需要马克思主义》。

⑰顾海良：《马克思主义如何改变世界》。

⑱张维为：《中国震撼——一个“文明型国家”的崛起》。

⑲金一南：《苦难辉煌》。

第二节 “经典研读”实践教学示范教案

示范教案：读《墨子·七患》

一、教案名称

经典研读：《墨子·七患》。

二、教学目标

1. 认知目标

通过《墨子·七患》导读释义，帮助学生了解墨子及其思想，掌握《七患》的主要内容和观点，理解其对维护国家安全的重要意义和价值。

2. 能力目标

通过“读后感”的写作方法与技巧的指导，帮助学生掌握该应用文写作技能。通过《墨子·七患》的学习，培养学生的朗读、翻译和记诵能力，提高文言文阅读理解能力。

3. 情感目标

通过《墨子·七患》研读，激发学生对古代经典文化的热爱，培养学生对先秦哲学家的了解和尊重，引导学生深刻理解习近平总书记提出的“总体国家安全观”，帮助学生树立正确的国家安全观和国家利益观，培养他们的爱国情感和责任感，使他们成为具有国家安全意识、国家利益至上观念和中华民族自豪感的公民。

三、教学重点与难点

1. 教学重点

引导学生从文章结构、内容分析、价值探讨、现实应用等多个方面进行深入分析和思考，帮助学生全面分析和理解《墨子·七患》在当今社会的重要性和应用价值。

2. 教学难点

结合现实案例和时事政治，从《墨子·七患》所阐述的思想和观点出发，深刻理解习近平总书记提出的“总体国家安全观”，帮助学生树立正确的国家安全观和国家利益观。

四、教学方案

（一）教学思路

①为了培养和提高大学生的爱国情感和国家安全意识，指导教师紧扣课程学习主题“国家安全”引导学生研读《墨子·七患》，引导学生深刻理解习近平总书记提出的“总体国家安全观”，帮助学生树立正确的国家安全观和国家利益观。

②指导教师需要向学生讲授“读后感”的写作方法与技巧，并要求和指导学生紧扣“国家安全”学习主题，撰写1000字左右的“读后感”。

③根据课程“经典研读”项目考核评价标准，指导教师批阅学生撰写的“读后感”作业，给予等级评定，计入课程“综合评定”，同时，将优秀作品与同学们分享。

（二）教学指导

1. 任务驱动

明确“经典研读”是学生个人学习项目，结合课程“国家安全”学习主题，确定研读篇目《墨子》的“第五篇　七患”，并要求学生将研读的感悟撰写成文，提交1000字左右的“读后感”作业。

2. 教师指导

①简要解读“经典研读”项目的学习安排、学习要求和注意事项。

②教师介绍本课程“国家安全”学习主题，并做《墨子·七患》的导读，帮助学生掌握其主要内容和思想价值。

③向学生讲授“读后感”的写法与技巧（见本章第一节），并布置“读后感”作业，要求每位同学须在一周内撰写与提交1000字左右的“读后感”作业。

【教师导读】

一、“经典”的价值

经典是指具有典范性、权威性的著作，是经过历史选择出来的“最有价值的书”。正如全球读经教育首倡者王财贵教授指出的：“只要一个人把任何一本经典读一百遍，他必能从经典中提升其为学的能力，必定能从经典中领悟其为人处世之道，必定能变化其气质，开阔其胸襟，启发其智慧，并且这一百遍经典必将影响其一生！”

二、国家安全与《墨子·七患》

古今中外，各个知识领域中有许多经典著作文献数不胜数。然而，人的精力毕竟有限，不可能全部阅读，要明确目标文献，带着问题去阅读、去研究。

2014 年 4 月 15 日，习近平总书记在中央国家安全委员会第一次会议上首次明确提出了“总体国家安全观”，成为新时期中国共产党维护国家安全的根本方针政策。习近平总书记在党的二十大报告中更是强调指出“我们要坚持以人民安全为宗旨、以政治安全为根本、以经济安全为基础、以军事科技文化社会安全为保障、以促进国际安全为依托，统筹外部安全和内部安全、国土安全和国民安全、传统安全和非传统安全、自身安全和共同安全，统筹维护和塑造国家安全，夯实国家安全和社会稳定基层基础，完善参与全球安全治理机制，建设更高水平的平安中国，以新安全格局保障新发展格局。”为了帮助同学们更加深刻地理解习近平总书记提出的“总体国家安全观”，树立正确的国家安全观和国家利益观，本学期“思想政治理论课综合实践”课程学习主题确定为“国家安全”，并选取《墨子·七患》开展研究性学习。

三、《墨子·七患》研读

在中国古代，虽然没有“安全战略”这一名词或概念，但是却具有这方面的实际内容。例如《周易·系辞下》：“安而不忘危，存而不忘亡，治而不忘乱。”《史记·孔子世家》：“有文事者，必有武备；有武事者，必有文备。”《明太宗实录》：“天下既平，不可不思患而豫防之。”然而，要说对“安全战略”论述最为系统深刻的著述，非《墨子》莫属。它既是中国古典战略文化的重要组成部分，也是中华民族智慧的集中体现。

（一）墨子与《墨子》

墨子，战国时期著名思想家、教育家、科学家、军事家，中国历史上唯一一个农民出身的哲学家，创立了墨家学说和墨家学派，在先秦影响很大，与儒家并称

“显学”。不仅如此，梁启超先生更是如此称赞：“墨子是劳动人民的大圣人”，“墨子是个小基督，从别方面说，墨子又是大马克思”，“假使今日中国有墨子，则中国可救”。孙中山先生说，“有时候最讲‘爱’字的莫过于墨子，墨子所讲的兼爱与耶稣所讲的博爱是一样”。鲁迅大加赞赏墨子是“中国的脊梁”，传奇式的伟大英雄。

结合课程学习主题“国家安全”来看，《墨子》一书是由其门人后学记录辑集而成，大约成书于战国后期，略晚于《孟子》。《墨子》原为七十一篇，现存五十三篇。其中，《七患》是《墨子》第五篇，阐述了墨子及墨家学派关于国家安全的思想和观点。曾代表英国政府参加两次世界大战后的和平会议的英国著名历史哲学家阿罗德·约瑟·汤恩比博士如是评价：“墨子关于舍身利人、树立爱他的兼爱学说，是反对侵略战争的理论先导。就是说，正如谴责侵害他人、谋取私利的强盗行径一样，也应该谴责大国侵害小国、大量屠杀以及破坏经济的行为。这种理论是极其现代化的，只是墨子主张的兼爱，过去只是指中国，而现在应作为世界性的理论去理解。”

（二）教师导读

【原文】子墨子曰：国有七患。七患者何？①城郭沟池不可守，而治宫室，一患也。②边国至境，四邻莫救，二患也；③先尽民力无用之功，赏赐无能之人，民力尽于无用，财宝虚于待客，三患也；④仕者持禄，游者爱佼，君修法讨臣，臣慑而不敢拂，四患也；⑤君自以为圣智而不问事，自以为安强而无守备，四邻谋之不知戒，五患也；⑥所信者不忠，所忠者不信，六患也；⑦畜种菽粟不足以食之，大臣不足以事之，赏赐不能喜，诛罚不能威，七患也。以七患居国，必无社稷。以七患守城，敌至国倾。七患之所当，国必有殃。

【译文】墨子说：国家有七种祸患。这七种祸患是什么呢？①内外城池壕沟不足守御而去修造宫室，这是第一种祸患；②敌兵压境，四面邻国都不愿来救援，这是第二种祸患；③把民力耗尽在无用的事情上，赏赐没有才能的人，民力因做无用的事情而耗尽，财宝因款待宾客而用空，这是第三种祸患；④做官的人只求保住俸禄，游学未仕的人只顾结交党类，国君修订法律以诛戮臣下，臣下畏惧而不敢违拂君命，这是第四种祸患；⑤国君自以为神圣而聪明，而不过问国事，自以为安稳而强盛，而不作防御准备，四面邻国在图谋攻打他，而尚不知戒备，这是第五种祸患；⑥所信任的人不忠实，而忠实的人不被信任，这是第六种祸患；⑦家畜和粮食不够吃，大臣对于国事不胜使令，赏赐不能使人欢喜，责罚不能使人畏惧，这是第七种祸患。治国若存在这七种祸患，必定亡国；守城若存在这七种祸患，国都必定倾毁。七种祸患存在于哪个国家，哪个国家必有祸殃。

【教师点评】篇名“七患”，顾名思义，是墨子研究国家治理的七种祸患。这七种祸患在古今中外都存在，因此，《墨子·七患》对当代的治国理政和维护国家安全仍然具有启发意义。墨子的“国有七患”，简而言之，即①国防之患：不修国防，大兴宫殿，粉饰太平。②外交之患：大敌当前，外无盟友，孤立无援。③财政之患：分配不公，铺张浪费，穷尽民用。④内政之患：仕皆渔私，修法禁言，不问国是。⑤国君之患：闭门自大，标榜先进，坐以待毙。⑥团队之患：用人不当，小人当道，离心离德。⑦政权之患：民无食用，国无贤能，赏罚失威。这些祸患都可能对国家的稳定和安全造成威胁，因此，需要政府采取措施加以防范和解决。

【原文】凡五谷者，民之所仰也，君之所以为养也。故民无仰，则君无养；民无食，则不可事。故食不可不务也，地不可不力也，用不可不节也。五谷尽收，则五味尽御于主；不尽收，则不尽御。一谷不收谓之馑，二谷不收谓之旱，三谷不收谓之凶，四谷不收谓之匮，五谷不收谓之饥。岁馑，则仕者大夫以下皆损禄五分之一，旱，则损五分之二；凶，则损五分之三；匮，则损五分之四；饥，则尽无禄，廪食而已矣。故凶饥存乎国，人，君彻鼎食五分之三，大夫撤县，士不入学，君朝之衣不革制，诸侯之客，四邻之使，雍食而不盛；彻骖騑，涂不芸，马不食粟，婢妾不衣帛，此告不足之至也。

【译文】五谷是人民所仰赖以生活的东西，也是国君用以养活自己和民众的。所以如果人民失去仰赖，国君也就没有供养；人民一旦没有吃的，就不可使役了。所以粮食不能不加紧生产，田地不能不尽力耕作，财用不可不节约使用。五谷全部丰收，国君就可兼进五味。若不全都丰收，国君就不能尽其享受。一谷无收叫做馑，二谷无收叫做旱，三谷不收叫做凶，四谷不收叫做匮，五谷不收叫做饥。遇到馑年，做官的自大夫以下都减去俸禄的五分之一；旱年，减去俸禄的五分之二；凶年，减去俸禄的五分之三；匮年，减去俸禄的五分之四；饥年，免去全部俸禄，只供给饭吃。所以一个国家遇到凶饥，国君撤掉鼎食的五分之三，大夫不听音乐，读书人不上学而去种地，国君的朝服不制新的；诸侯的客人、邻国的使者，来时饮食都不丰盛，驷马撤掉左右两匹，道路不加修理，马不吃粮食，婢妾不穿丝绸，这都是表示国家已十分困乏了。

【教师点评】在讨论国家面临的七种祸患的同时，《墨子·七患》提出了治理国家祸患的积极方针。本段文字从发展生产的角度谈国家治理祸患，《墨子·七患》认为，五谷是人民赖以生存的物资。努力生产粮食，尽力利用土地。财富不够，就回到注重农时上来，寻求弥补的办法。依照农时规律，生产财物，巩固农业这个根本，合理用财，则财物丰足。不仅如此，墨子还强调了国家的繁荣昌盛需要依靠人民的力量。政府应该关注人民的生计和利益，保障人民的权利和尊严，从而赢得人民的支持和信任，否则人民就不可“使役”了。

上述“民为邦本”思想，可以帮助我们更加深刻地理解习近平总书记提出的“总体国家安全观”，高度重视国民安全，坚持以民为本、以人为本，坚持国家安全一切为了人民、一切依靠人民，才能真正夯实国家安全的群众基础。

【原文】今有负其子而汲者，队其子于井中，其母必从而道之。今岁凶，民饥，道饿，重其子此疚于队，其可无察邪！故时年岁善，则民仁且良；时年岁凶，则民吝且恶。夫民何常此之有！为者疾，食者众，则岁无丰。

故曰：财不足则反之时，食不足则反之用。故先民以时生财，固本而用财，则财足。故虽上世之圣王，岂能使五谷常收而旱水不至哉！然而无冻饿之民者，何也？其力时急而自养俭也。故《夏书》曰：“禹七年水。”《殷书》曰：“汤五年旱。”此其离凶饿甚矣，然而民不冻饿者，何也？其生财密，其用之节也。

故仓无备粟，不可以待凶饥；库无备兵，虽有义，不能征无义；城郭不备全，不可以自守；心无备虑，不可以应卒，是若庆忌无去之心，不能轻出。

夫桀无待汤之备，故放；纣无待武之备，故杀。桀纣贵为天子，富有天下，然而皆灭亡于百里之君者，何也？有富贵而不为备也。故备者，国之重也。食者，国之宝也；兵者，国之爪也；城者，所以自守也；此三者，国之具也。

故曰：以其极赏，以赐无功；虚其府库，以备车马、衣裘、奇怪；苦其役徒，以治宫室观乐；死又厚为棺椁，多为衣裘。生时治台榭，死又修坟墓，故民苦于外，府库单于内，上不厌其乐，下不堪其苦。故国离寇敌则伤，民见凶饥则亡，此皆备不具之罪也。且夫食者，圣人之所宝也。故《周书》曰：“国无三年之食者，国非其国也；家无三年之食者，子非其子也。”此之谓国备。

【译文】现在假如有一人背着孩子到井边汲水，把孩子掉到井里，那么这位母亲必定设法把孩子从井中救出。现在遇到饥年，路上有饿死的人，这种惨痛比孩子掉入井中更为严重，能忽视这种局面吗？年成好的时候，老百姓就仁慈驯良；年成遇到凶灾，老百姓就吝啬凶恶。民众的性情哪有一定呢！生产的人少，吃饭的人多，就不可能有丰年。

财富，搞好农业基础，节省开支，财用自然就充足。所以，即使前世的圣王，岂能使五谷永远丰收，水旱之灾不至呢！但（他们那时）却从无受冻挨饿之民，这是为何呢？这是因为他们努力按农时耕种而自奉俭朴。《夏书》说：“禹时有七年水灾。”《殷书》说：“汤时有五年旱灾。”那时遭受的凶荒够大的了，然而老百姓却没有受冻挨饿，这是何故呢？因为他们生产的财用多，而使用很节俭。

所以，粮仓中没有预备粮，就不能防备凶年饥荒；兵库中没有武器，即使自己有义也不能去讨伐无义；内外城池若不完备，不可以自行防守；心中没有戒备之心，就不能应付突然的变故。这就好像庆忌没有逐走要离之意，就不可轻出致死。

桀没有防御汤的准备，因此被汤放逐；纣没有防御周武王的准备，因此被杀。桀和纣虽贵为天子，富有天下，然而都被方圆百里的小国之君所灭，这是为何呢？是因为他们虽然富贵，却不做好防备。所以防备是国家最重要的事情。粮食是国家的宝物，兵器是国家爪牙，城郭是用来自我守卫的：这三者是维持国家的工具。

所以说：拿最高的奖赏赐给无功之人；耗尽国库中的贮藏，用以置备车马、衣裘和稀奇古怪之物；使役卒和奴隶受尽苦难，去建造宫室和观赏游乐之所；死后又做厚重的棺椁，制很多衣服。活着时修造台榭，死后又修造坟墓。因此，老百姓在外受苦，内边的国库耗尽，上面的君主不满足其享受，下面的民众不堪忍受其苦难。所以，国家一遇敌寇就受损伤，人民一遭凶饥就死亡，这都是平时不做好防备的罪过。再说，粮食也是圣人所珍惜的。《周书》说：“国家若不预备三年的粮食，国家就不可能成为这一君主的国家了；家庭若不预备三年的粮食，子女就不能做这一家的子女了。”这就叫做“国备”（国家的根本贮备）。

【教师点评】治理国家七种祸患，除了发展生产之外，《墨子·七患》还进一步提出了厉行节约、备战备荒的方针。一是要厉行节约。《墨子·七患》强调，一定要注意节约。粮食不够用，就回到节用上来，从降低消费方面寻求弥补的办法。二是要备战备荒。《墨子·七患》强调，仓库没有储备的粮食，就不能应付凶年饥荒。武器库里没有储备的兵器，正义之师就不能征伐不义之国。思想没有周密的考虑，就不可能应付突发的事变。防备是国家的重要大事，粮食是国家的宝贝，武装是保卫国家的利器。这都是治国的重要方面。反之，国家遭遇敌寇则伤，人民遭遇灾荒则亡，这都是不考虑备战备荒的过失。

同时，《墨子·七患》还严词批判统治者的骄奢淫逸，肆意浪费。批判统治者用尽府库钱财，添置车马衣裘、奇珍异宝，还役使百姓劳苦不休，修建宫殿楼阁供观赏娱乐。国君死，做厚实棺椁，用很多衣裘陪葬。活着造台榭，死后修坟墓。使人民受苦，府库空虚。君主寻欢作乐，人民痛苦不堪。统治者的昏庸侈靡，给人民带来无穷的灾难。

（三）学生研学

世界百年未有之大变局加速演进，中华民族伟大复兴进入关键时期，党的二十大报告首次把国家安全作为报告的独立一部分作了前所未有的系统阐述，对党和政府在当前统筹好发展和安全两件大事，构建现代化的国家安全体系，增强现代化的维护国家安全能力，有效保障国家安全和社会稳定，具有重要指导作用。同时，也从侧面反映了当前我国国家安全受到了越来越严峻的挑战，青年大学生需要树立正确的国家安全观和国家利益观，增强国家安全意识、责任感，不断提升自己应对各种重大风险的能力。

正所谓前事不忘，后事之师。《墨子·七患》论述的治理国家七种祸患的方略，在今天仍具有积极的现实意义，值得借鉴。请同学们结合课程“国家安全”学习主题深入探讨学习《墨子·七患》，并从“国防之患、外交之患、财政之患、内政之患、国君之患、团队之患、政权之患”的角度阐释“国家安全观”，撰写提交“读后感”（个人：1000 字左右）。

（三）教学评价

根据课程考核评价内容和标准，指导教师对学生“经典研读”项目的学习成果给予等级评价。

第三节 “经典研读”实践教学成果范例

成果范例一：读《共产党宣言》

“思想政治理论课综合实践”课程“经典研读”报告书

姓　名	×××	学　号	
学习时间	2020 年 9 月 10 日至 2020 年 10 月 10 日		
研读篇目	《共产党宣言》		

《共产党宣言》读后感

“一个幽灵，共产主义的幽灵，在欧洲游荡。”放下《共产党宣言》，掩卷长思，我的心情久久不能平静，就像是远山中的阵阵雷鸣，震撼着我的心灵，让我的灵魂得到震撼，由衷生出对伟人的无限敬意。我一直很好奇是什么让“巴黎公社的斗争、十月革命的隆隆炮声、中国的两万五千里的长征”，在人类历史上不断传颂，是什么让西方的列宁，东方的毛泽东终其一生孜孜不倦。现在，我知道了，那就是《共产党宣言》中的希望。在人类文明史上，传世名著数不胜数，但没有哪一篇能够像《共产党宣言》那样在全世界人民心中产生如此巨大的能量，也没有哪一篇能够像《共产党宣言》那样激励无数仁人志士前仆后继赴汤蹈火去改造世界。

1848 年 2 月 21 日，马克思和恩格斯合著的《共产党宣言》在伦敦第一次出版。第一次全面系统地阐述了科学社会主义理论，指出共产主义运动已成为不可抗拒的历史潮流。《共产党宣言》的核心思想是：每一历史时代主要的生产方式与交换方式以及必然由此产生的社会结构，是该时代政治的和精神的历史所赖以确立的基础，并且只有从这一基础出发，历史才能得到说明。从原始社会解体以来人类社会的全部历史都是阶级斗争的历史；这个历史包括一系列发展阶段，现在已经达到这样一个阶段，即无产阶级如果不同时使整个社会摆脱任何剥削、压迫以及阶级划分和阶级斗争，就不能使自己从资产阶级的剥削统治下解放出来。《共产党宣言》所包含的划时代的思想有着牢固的科学基础，它为任何时代、任何肤色或种族的被剥削者和被压迫者指明了争取解放、和平、人类尊严与社会公正的道路。只要“每个人的自由发展是一切人的自由发展的条件”的世界还没有到来，我们就会继续读《共产党宣言》。

深入的学习，让我了解到共产主义被欧洲称为“幽灵”，被欧洲的一切势力公认为一种敌对势力，曾被认为不适应社会的发展。社会主义阵营国家还曾在 20 世纪 80 年代以后陷入了困境，东欧剧变，苏联解体，仿佛一夜之间地球上社会主义国家的旗帜倒了一片。有人说社会主义走到了尽头，马克思主义理论不吃香了，如火如荼的国际共产主义运动一时沉寂下来。然而，共产主义火种已经在神奇的东方大地扎根发芽，中国共产党领导下的社会主义中国顶住了压力，坚定不移地走中国特色社会主义道路，取得了巨大的成功，把一个半殖民地半封建社会建设成为了社会主义现代化中国，屹立于世界东方。中国共产党也从建党伊始的 50 人成长为 9000 多万名党员的政党。

作为一名大学生，虽然我们没有经历过 1998 年抗洪，对“非典”的认识也是模模糊糊，但汶川大地震以及肆虐的新冠疫情，让我看到社会主义制度的优越性和国家的社会治理能力。党中央一声令下，“我是党员我先上”，党员干部冲锋在前，逆行者们保护着我们的国家和人民。事实告诉我们，只有共产主义才能发展中国，只有中国共产党才是全心全意为人民服务，人民生命安全才是第一位的。在这一刻，我真正明白共产党员的意义和光荣使命，它并不是一种头衔，而是一种责任和担当。

一百多年前，《共产党宣言》激发了一代又一代革命前辈奋不顾身忘我牺牲，今天《共产党宣言》也将继续激励我们不忘初心牢记使命。我们是新时代的主人，是国家和社会主义的接班人，我们也必将从先辈手中接下旗帜，全心全意地投身于伟大的共产主义事业，扛起中华民族伟大复兴的历史重任，为实现中华民族伟大复兴的中国梦贡献自己的力量，让共产主义光芒闪耀世界。

考核评价	☑优秀　☐良好　☐中等　☐及格　☐不及格

成果范例二：读《墨子·七患》

“思想政治理论课综合实践”课程“经典研读”报告书

姓　名	××	学　号	
学习时间	2023年5月1日至2023年5月14日		
研读篇目	《墨子·七患》		

读《墨子·七患》有感

近期，在指导老师导读《墨子·七患》之后，我又细细品读一番，对“国家安全观”有了新的认识和感受。

两千多年前，春秋战国时期的伟大思想家墨子指出“国有七患”，并且一一解释了“七患”具体是指什么。“城郭沟池不可守，而治宫室，一患也；边国至境，四邻莫救，二患也；先尽民力无用之功，赏赐无能之人，民力尽于无用，财宝虚于待客，三患也；仕者持禄，游者爱佼，君修法讨臣，臣慑而不敢拂，四患也；君自以为圣智而不问事，自以为安强而无守备，四邻谋之不知戒，五患也；所信者不忠，所忠者不信，六患也；畜种菽粟不足以食之，大臣不足以事之，赏赐不能喜，诛罚不能威，七患也。”行文简洁，言简意赅，却振聋发聩，令人深思。

两千年前的智慧和现代的政策不谋而合。2014年，习近平总书记首次明确提出了“总体国家安全观”，其基本内容是：以人民安全为宗旨、以政治安全为根本、以经济安全为基础、以军事科技、文化社会安全为保障、以促进国际安全为依托，走出一条中国特色国家安全道路。“总体国家安全观”中的很多内容都可以和墨子的“七患”对应起来。第一患提到的是不修国防而大兴土木建造宫室，这是国防之患；第二患所说的大敌当前而无盟友，这是外交之患；第三患中的赏赐无能之人，劳民伤财，分配不公，是财政之患；第四患中的“仕者持禄，游者爱佼”，做官的人不思进取，君主修订法律来惩罚臣子，这是内政之患；第五患中的国君闭门自大，不知进取，是国君之患；第六患中用人不当导致小人当道，是团队之患；第七患中赏罚失去威慑力是政权之患。这“七患”中的每一患都是很大的问题，都是会威胁国家安全的存在，因此，我们应该汲取墨子的智慧，避免出现这些情况，维护我们的国家安全。

在我看来，墨子说的“城郭沟池不可守，而治宫室，一患也”在两千年前代表的可能只是大修宫室而不修建城墙，但是放在现在，国防二字就不仅仅是修筑城墙了。所谓“国防”是指国家为防备和抵抗侵略，制止武装颠覆和分裂，保卫国家主权、统一、领土完整、安全和发展利益所进行的军事活动，以及与军事有关的政治、经济、外交、科技、教育等方面的活动，国防的范围大大扩大了。新中国成立初期，我们造出了“两弹一星”，如今我们制造出国产航母等，我们群策群力，积聚智慧，不断增强军事力量就是为了保护自己再也不用像近代那样备受欺辱，我们所作的这些努力，都属于国防，都是为了维护我们的国家安全。

两千多年前的墨子还告诉我们，对内要加强国防建设，对外要搞好外交，和其他国家建立和平友好的外交关系；此外，还要制定合理的分配政策，保证资源的合理分配；领导者要有大局意识，不能故步自封，夜郎自大；等等。时间来到新中国成立之后，我们积极发展国防事业，不仅有“两弹一星”，还有海陆空三军以及各种军事装备，我们搞好外交工作，和诸多国家建立了外交关系；我们有中国共产党作为领导者，有中国特色社会主义分配制度，我们还有太多太多说不完的人和事。我们从《墨子·七患》中汲取智慧，并将其应用到国家建设中，来保障我们的国家安全。

在读了《墨子·七患》之后，我对习近平总书记提出的“总体国家安全观”有了深刻且清晰的理解，其中的“政治安全”“军事安全”等词在我心中也不再遥远。相信我们会更好地汲取古人的智慧，并且将这些智慧与现在中国的国情相融合，从而更好地应用在国家建设中。

考核评价	☑优秀　☐良好　☐中等　☐及格　☐不及格

第三章
基于情感认同的“影视欣赏”实践教学

情感认同是指在情感层面上对某人或某事的认可和接受。它是一种内在的感受，表达了个体在情感方面的共鸣和联系。与思想认同有所不同，情感认同更强调个体在情感层面的体验和感受。当一个人对某个人或事物产生情感认同时，他会在情感上与之产生共鸣，感受到一种内在的亲近和联系。这种认同可能不仅仅基于理性的思考和判断，而是包含了更深层次的情感体验和感性认知。

第一节 “影视欣赏”实践教学技术路线

作为“思想政治理论课综合实践”课程的“前置性学习”项目，“影视欣赏”旨在通过观看电影、教师评价和思想交流，让大学生接受深刻的精神洗礼，增强历史使命感和责任感，更加坚定理想信念和宗旨意识，进一步促使大学生净化灵魂、锻造品性，增强情感认同。

一、何谓“影视欣赏”

影视欣赏，指人们观赏影视作品时产生的一种精神活动。影视欣赏的基础首先是视听的形象，是直接把握艺术形象，然后具体地认识形象所反映的社会生活的面貌和本质，体会作品所蕴涵的思想感情。通过影视作品展现出日常生活中不可能发生的典型案例，或再现回顾某一段历史，来开拓学生的思维和眼界，让学生通过观影来理解世界和历史，如老子所言“不出门，知天下”。

二、“影视欣赏”的教学过程

（一）确定观看影视作品

结合课程学习主题，选择一部适合的影视作品供学生欣赏与学习。影视作品可以由教师指定，也可以由师生共同议定，要求影视作品必须与课程学习主题相呼应，能够激发学生情感共鸣，引发学生深入思考，进而达成情感认同。影视作品可以从本节“四、‘影视欣赏’的参考目录”中选取，但不局限于此。凡是弘扬主旋律、传递正能量的优秀影视作品都可以组织学生观看。观看前，指导教师可以简要介绍选定影视作品的基本情况，并结合课程学习主题提出一些问题，引导学生带着问题观看影视作品，从而加深思考。同时，指导教师还需要向学生布置“影视欣赏”项目的相关学习安排和学习任务。

（二）学生观看影视作品

在观看时，学生要紧扣课程学习主题整体感知影视作品，明确影视作品的题材，继而以自己的生活经验为参照对影视作品所反映生活的真实性、故事情节的合理性和主题的积极性等做出判断，并对影视作品进行审美判断。一是看影视作品是否贴近生活并且真实地反映了社会生活；二是看是否能够通过影视作品正确地认识社会和思考人生；三是看影视作品是否感动人、激励人和鼓舞人等；四是看影视作品的形象塑造和思想表现是否成功。

（三）教师讲授“观后感”写作方法与技巧

“观后感”，就是观看了一部影片或电视剧等之后，记录具体的感受和得到的启示的文章。根据课程教学安排和“影视欣赏”项目的学习要求，指导教师需要向学生讲授“观后感”的写作方法与技巧，并结合“观后感”范文引导学生对所观看的影视作品进行讨论和评价，让学生充分表达自己的看法和感受，培养学生的批判性思维和表达能力。

（四）学生撰写“观后感”

在教师的指导下，学生紧扣课程学习主题，把观看影视作品之后的具体感受和得到的启示写成文章，可以是从作品中领悟出来的道理或精湛的思想，可以是因作品内容启发而引起的思考与联想，可以是因观看而激发的决心和理想，也可以是因观看而引起的对社会上某些丑恶现象的抨击。“观后感”的表达方式灵活多样，基本属于议论范畴，但写法不同于一般议论文。

（五）指导教师考核评价

一般要求学生在观看影视作品之后的一周提交“观后感”作业。指导教师应根据课程“影视欣赏”考核评价标准及时对学生作业进行项目等级评定，记录作业完成情况，把握学生思想认识水平。

三、撰写“观后感”

（一）观看注意事项

1. 要“会看”影视作品

要写“观后感”，首先要“会看”。在观看影视作品时要“投入”，让自己沉浸在作品所营造的情感世界里，与主人公同悲欢、共休戚。同时，还要用眼、耳、脑等各种感官，留意细节。

2. 重点放在“感”上

写“观后感”，要从自己观看影视作品的感受出发。从文字上看，“感”的内容约为简述影视作品内容的五六倍。引用影视作品内容，仅为“感”服务，只要三言两语，不要具体叙述，更不要过于细致地描述，写得很长。

3. “感”离不开“观”

“观”和“感”要相吻合。不能只是在开头写一下“观看了某部影视作品后，大受启发”等，之后就脱离原篇，说上一通自己的感想，这样没有实际意义。

4. 联系实际而“感”

要写好“感”就应联系实际，深入发掘，把自己的“感”写深、写透。这里的实际，不是单指自我实际，还包括他人实际、社会实际。

5. 评析性议论文

不同于影评，“观后感”重在“感”，而不在于“评”，表达方式以抒情、叙述为主，内容多为影视作品对观众的启发，观众看了之后的感想等。

6. 找准写作切入口

一部影视作品人物众多，内容纷繁，情节纵横交错。写作时不可能面面俱到，必须找到一个切入口来展开，好像一条红线将“简介—评论—感受”三块内容串联起来。如选择一个人物，透过其言行举止走进他的内心世界，由此而发表评论，抒写感受。如截取一个片段，即选择影视作品中的一个小故事或独立的情节展开，联系实际谈感受。如描写一个镜头，即采取特写或素描的方法，生动描述作品中感人至深的一个镜头，引发自己的情感共鸣，进而谈体会感受。

（二）写作格式

“观后感”的撰写大体上可分为四个部分，具体格式如下：

第一部分，由“观”而引出“感”。开头部分就好比一条醒目的标语或引子一样，要先交代清楚观看了什么影视作品，有什么感想。一般来说，这一部分要求简明扼要、开门见山，千万不要绕圈子、卖关子、遮遮掩掩，而是要用肯定的语气概括地说出感受是什么，简单但明确，不含糊，这样就可以了，不必展开来说。

第二部分，具体谈感受是什么。我们观看影视作品都有一个过程，都需要一段时间，而我们的感受也是在这个过程、这段时间内一点一点产生的，感受发自内心，由浅到深，因此，要自然真实，有感而发，不要无病呻吟，虚假不实，这样才能感人，打动人。

第三部分，把感受落实到自己的现实生活中去。联系生活中的事例来谈感受，因为“感”的目的就是要指导我们的实际行动，要不就毫无意义了。具体说来，就是把自己在现实生活中的所作所为和影视作品中感动自己的人或事情做比较与对比，找出差距，找出不足，树立学习的榜样。

第四部分，文章的结尾。要对全文内容做个收尾总结，可以进一步抒发理想或希望与祝愿，把全文的情感升华到顶点。

四、“影视欣赏”的参考目录

①《建党伟业》。

②《湘江北去》。

③《秋之白华》。

④《守望天山》。

⑤《惊天动地》。

⑥《先驱者》。

⑦《赵一曼》。

⑧《党的女儿》。

⑨《董存瑞》。

⑩《白衣战士》。

⑪《钢铁战士》。

⑫《钱学森》。

⑬《百万雄师下江南》。

⑭《大决战》三部曲。

⑮《铁道游击队》。

⑯《南征北战》。

⑰《平原游击队》。

⑱《南岛风云》。

⑲《风声》。

⑳《秋喜》。

㉑《东风雨》。

㉒《神秘的旅伴》。

㉓《保卫胜利果实》。

㉔《英雄司机》。

㉕《天安门》。

㉖《高考 1977》。

㉗《光芒万丈》。

㉘《无穷潜力》。

㉙《高歌猛进》。

㉚《岁月在这儿》。

㉛《烈火金刚》。

㉜《红岩》。

㉝《红色娘子军》。

㉞《林海雪原》。

㉟《地雷战》。

㊱《洪湖赤卫队》。

㊲《狼牙山五壮士》。

㊳《渡江侦察记》。

㊴《建国大业》。

㊵《辛亥革命》。

㊶《青春之歌》。

㊷《野火春风斗古城》。

㊸《汶川故事》。

㊹《红槐花》。

㊺《我的青春在延安》。

㊻《恰同学少年》。

㊼《上甘岭》。

㊽《开国大典》。

㊾《长征》。

㊿《苦菜花》。

51《雷锋》。

52《智取威虎山》。

第二节 “影视欣赏”实践教学示范教案

示范教案一：观看《岁月在这儿》

一、教案名称

影视欣赏：《岁月在这儿》。

二、教学目标

①通过观看这部影片，让学生深刻感受到历史的厚重和深邃，更好地理解现在和未来，更加深刻地理解红色政权来之不易、新中国来之不易、中国特色社会主义来之不易、今天的幸福生活来之不易。

②通过观看这部影片，引导学生思考生活的意义和价值，不仅仅在于个人的追求和成就，更在于我们如何与他人相处、如何为社会作出贡献。

③从《岁月在这儿》中，可以看到社会的各个方面——从科技、文化到政治、经济——都在不断发展变化。这种变迁让学生意识到社会在不断进步，但也需要保持警觉，避免陷入故步自封的境地，同时更需要“把小我融入大我，青春献给祖国”。

三、教学重点与难点

1. 教学重点

学习掌握“观后感”的写作方法与技巧，尤其是要学会正确区分“观后感”和影评。

2. 教学难点

如何紧扣课程学习主题去观看《岁月在这儿》，抓住感点，并且撰写成“观后感”，不偏离学习主题。

四、教学方案

（一）教学思路

①正值新中国成立75周年之际，引导学生观看影视作品《岁月在这儿》，深刻认识到全国各族人民在中国共产党的领导下，如何砥砺前行、艰苦奋斗，并取得举世瞩目的伟大成就，从而激发他们的爱国热情和社会责任感。

②在观影前，要向学生简要介绍新中国的建国历史、中国共产党的成立和发展历程，以及《岁月在这儿》这部作品的基本内容和创作背景。同时，提出一些引导性的问题，让学生带着问题去观看，如：“这部作品展现了哪些历史事件和人物?”“你认为全国各族人民在中国共产党的领导下取得了哪些伟大成就?”等。

③向学生讲授“观后感”的写作方法与技巧，并要求和指导学生撰写1000字左右的“观后感”

④根据课程“影视欣赏”项目考核评价标准，指导教师给学生的“观后感”作业评定等级，计入课程“综合评定”，同时，将优秀作品与同学们分享。

（二）教学指导

1. 任务驱动

明确“影视欣赏”是学生个人学习项目，学生需要结合课程“昨天今天明天——中国共产党为什么能?”学习主题，将自主观看《岁月在这儿》之后的感悟撰写成文，提交1000字左右“观后感”作业。

2. 教师指导

①简要介绍“影视欣赏”项目的学习要求、学习任务和注意事项。

②向学生提供《岁月在这儿》的互联网在线观看网址，或直接提供视频拷贝，并对《岁月在这儿》的基本内容和创作背景作出简要说明，提出一些引导性的问题，让学生带着问题去观看与思考。

③现场讲授“观后感”的写作方法与技巧，布置“观后感”作业。结合学习主题，感悟《岁月在这儿》，深刻思考四个“来之不易”，撰写1000字左右的“观后感”作业。

3. 学生观看

①观看影片。指导教师可以预先提出问题，让学生带着问题去观看《岁月在这儿》。

②撰写“观后感”。拟定题目：“观《岁月在这儿》有感”。

主要内容：结合课程学习主题，围绕影片内容、影片评价、个人感悟等方面撰写“观后感”，重点突出个人感悟，并注重联系实际。

注意事项：沿着“简介—评论—感受”主线进行撰稿行文。写作时要以小见大，循序渐进，切忌大而空。选准切入点，如一个人物、一个片段（或一个镜头）等，深入描写自己的观影感受，由浅到深，并且要把感受落实到现实生活中去，提升思想认识，明确努力方向。在文章最后，可以进一步抒发理想与祝愿，将情感升华到顶点。

（三）教学评价

通过观看影视作品，撰写“观后感”及指导教师总结与评价等，促使学生更加深刻理解四个“来之不易”，进一步思考如何在新时代听党话，跟党走，继续发扬艰苦奋斗的精神，立志做有理想、敢担当、能吃苦、肯奋斗的新时代好青年，让青春在全面建设社会主义现代化国家的火热实践中绽放绚丽之花。同时，学会解读影视作品，联系实际，提升分析和评价事物的能力以及写作技巧。

根据课程考核评价内容和标准，指导教师对学生“影视欣赏”项目的学习成果及时给予等级评价。

示范教案二：观看《功勋》

一、教案名称

影视欣赏：《功勋》。

二、教学目标

1. 认知目标

通过观看《功勋》，了解八位共和国功勋人物的伟大事迹和“平凡”人生，从中领悟何谓“国之大者”——一群深植“先天下之忧而忧，后天下之乐而乐”的家国情怀，把国家富强、人民幸福当作自己的职责和使命而甘于奉献的人。

2. 能力目标

学习从不同的角度和层面解读影视作品，提高欣赏水平，以及分析和评价事物的能力；掌握撰写“观后感”的写作方法与技巧，在观影、撰写“观后感”的过程中学习通过叙述、描写、议论等表达方式写作。

3. 情感目标

通过观看《功勋》，感受共和国功勋人物的不朽功绩和高尚品格，感悟他们从艰苦岁月走来，“把小我融入大我，青春献给祖国”，进而深刻领悟中国共产党为什么能让他们默默追随，辛勤耕耘，把青春写在共和国的功劳簿上。

三、教学重点与难点

1. 教学重点

学习掌握“观后感”写作方法与技巧，明晰“观后感”与“影评”的区别。

2. 教学难点

如何从课程学习主题“昨天今天明天——中国共产党为什么能?”的角度观看《功勋》，并评析与感悟共和国功勋不负历史的使命，创造不朽功绩。

四、教学方案

（一）教学思路

①指导教师组织学生在线观看《功勋》，八组学生分别观看《无名英雄于敏》《申纪兰的提案》《孙家栋的天路》《能文能武李延年》《默默无闻张富清》《袁隆平的梦》《黄旭华的深潜》《屠呦呦的礼物》等八个单元，从中了解八位共和国功勋人物事迹，分析其精神内涵。

②指导教师向学生提供《“观后感”写作方法与技巧》教学视频，并要求学生结合课程学习主题撰写1000字左右的“观后感”作业。

③指导教师为学生“观后感”作业评定等级，计入课程“综合评定”，同时，将优秀作业与同学们分享。

（二）教学指导

1．任务驱动

明确“影视欣赏”是学生个人学习项目，紧扣课程“昨天今天明天——中国共产党为什么能?”学习主题观看《功勋》，将观看之后的感悟撰写成文，提交“观后感”作业。

2．教师指导

①简要解读“影视欣赏”项目的学习安排、学习要求和注意事项。

②组织学生分组分单元观看电视剧《功勋》，并向学生提供在线观看网址。

③向学生提供《“观后感”写作方法与技巧》的教学视频，布置“观后感”作业，每位同学须在一周内撰写与提交1000字左右的“观后感”作业。

3．学生观看

①观看影片。按照指导教师提供的在线网址，学生自主观看《功勋》单元。

②撰写“观后感”。在观看过程中，学生要紧扣“昨天今天明天——中国共产党为什么能?”感悟共和国功勋人物故事与不朽功绩，抓住感点，深入思考，撰写“观后感”。具体写法见《“观后感”写作方法与技巧》的教学视频。

（三）教学评价

根据课程考核评价内容和标准，指导教师对学生“影视欣赏”项目的学习成果及时给予等级评价。

第三节 “影视欣赏”实践教学成果范例

成果范例一：观看《岁月在这儿》

“思想政治理论课综合实践”课程“影视欣赏”报告书

姓　名	×××	学　号	
学习时间	2023 年 3 月 10 日至 2023 年 4 月 3 日		
影视作品	《岁月在这儿》		

昨天今天明天

——观《岁月在这儿》有感

当我静坐在银幕前，观看《岁月在这儿》这部影片时，我仿佛被带入了一个充满情感与回忆的时空隧道。这是一部能够引人深思的纪录片，它以独特的视角呈现出了从 1948 年的“三大战役”到 2019 年新中国成立 70 周年，中国人民砥砺奋进的光辉历程。在这儿，我不仅看到了时光流逝，更感受到了在中国共产党的领导下，中国人民走过的不平凡岁月，实现了伟大的历史变革和取得了伟大的成就。

“昨天”，是那些已经成为过去但依然清晰可见的记忆。影片仿佛把我们带入了一个激情燃烧而充满希望的岁月，从早期的解放战争到新中国成立后的建设与发展，每一帧画面都映射着那个年代中国人民的艰辛奋斗和顽强拼搏，负重前行。在断壁残垣遍地、杂草丛生的破旧天安门，我们看到了新中国的前夜。在数十万人锣鼓喧天红旗招展的开国大典上，我们感受到了新中国的勃勃生机，鲜艳的五星红旗每天都要在这儿冉冉升起。封闭妓院一点点祛除封建残留，智慧与创造让贫瘠荒漠上原子弹成功爆炸，甩开膀子大干的人们学纺织、炼钢铁、搞基建……

“今天”，一个正在崛起的东方大国，我们不由地感慨中国太不容易了，更庆幸中华民族的伟大复兴走在正确的道路上。我们经历了 1976 年唐山大地震，1998 年特大洪水，2008 年汶川地震等危难时刻，我们也经历了 1978 年安徽凤阳小岗村的大包干改革、中国女排夺得世界杯冠军、沙漠种满了绿树、成功举办 2008 年奥运会……如今从高铁飞驰到飞机翱翔，从电子商务的繁荣到人工智能的应用，中国正在以前所未有的速度走向世界舞台的中央。这期间，有泪水，有欢笑，有感动，多难的中华民族，坚韧的中国人民，与共和国一起熬过冬季，迎来春天，奔向美好的未来。

“明天”，则是未知和希望，还有风险与挑战。反思“昨天”，那些充满憧憬与梦想的日子，无论是经历战火而不屈不挠的老一辈，还是沐浴在新中国阳光下的人们，他们亲历历史，见证历史，创造历史，在时代的洪流中书写着自己的传奇。感悟“今天”，能取得这样伟大的成就，离不开党的领导，离不开千千万万劳动人民。如果再将“昨天”与“今天”作一个对比，我们更加能够深刻地感受到今天的幸福生活来之不易，更加深刻体悟到“昨天”的中国共产党的历史充满了艰辛与奋斗，“今天”的中国共产党正带领中国人民走向繁荣与强盛，而“明天”的中国共产党则将继续为实现中华民族伟大复兴而不懈努力。

续表

姓　名	×××	学　号	
学习时间	2023 年 3 月 10 日至 2023 年 4 月 3 日		
影视作品	《岁月在这儿》		
《岁月在这儿》就像一面镜子，映照着我们的“昨天”，记录着我们的“今天”，指引着我们的“明天”。让我们珍惜当下，铭记历史，共同书写美好的明天。作为新时代大学生的我们定将感知责任，紧追时代发展的步伐，努力把自己培养成德、智、体、美、劳全面发展的社会主义建设者和接班人，秉承“以史为鉴”“以人为鉴”精神，以青春之我、奋斗之我，把青春书写在全面建设社会主义现代化国家的火热实践中，为中华民族的伟大复兴铺路架桥，为祖国的繁荣昌盛添砖加瓦，与共和国 14 亿人民一起拥抱更好的“明天”！			
考核评价	☑优秀　□良好　□中等　□及格　□不及格		

成果范例二：观看《功勋》

“思想政治理论课综合实践”课程“影视欣赏”报告书

姓　名	×××	学　号	
学习时间	2022 年 3 月 28 日至 2022 年 4 月 7 日		
影视作品	《功勋》		
神州擎巨擘，沽水忆音容——观《功勋》有感 他，二十八载隐姓埋名，离乱中寻觅一张安静的书桌，未曾向洋却已砺就锋锷。 他，荣获“共和国勋章”、“两弹一星”功勋奖章，国家最高科学技术奖，“改革先锋”称号，被誉为“氢弹之父”……荣誉等身，但在盛名之下，他始终保持“科技报国”之初心。 他经常说：“一个人的名字，早晚是要消失的，能把自己微薄的力量融进强国的事业之中，也就足以欣慰了。” 于敏，一个被隐藏了近三十载的名字，当年吴钩出塞外，申城淬火大器成。一句嘱托，许下一生奉献；边关巨响，祖国屹立寰宇。 观看完《功勋·无名英雄于敏》，再次回顾先生的一生，不禁怅然。谈到于敏，我有幸是先生的“学弟”。中学时代，我常抬头望见科技名人园中先生的题词；在先生喜获“改革先锋”称号和“共和国勋章”后，都曾在母校为先生庆贺；在先生离世后，曾在先生铜像前点起白蜡……2021 年元月，已经毕业的我又回到母校，参与专题研究——“新民主主义革命中的耀华中学”，又是我在几乎二十多年无人触及的图书馆旧藏档案中翻找出先生所在 1944 届毕业生通讯录与先生当年的“学生调查表”和“入校担保书”，点点滴滴，先生的形象在我眼前越来越清晰。 时光回到 1926 年 8 月 16 日，在宁河县芦台镇一个普通的小职员家庭，于敏呱呱落地。他成长在那个军阀混战，国将不国的动荡年代。年幼的于敏常与大他三岁的姐姐藏在炕沿下，躲避军阀混战中呼啸而来的枪弹。十岁那年，天津沦陷，刚刚学会骑自行车的于敏，险些遭到横冲直撞的日军吉普车碾压。少年时期的于敏亲眼目睹了侵略者惨绝人寰的暴行，难以抚平的童年记忆以及对侵略者的切齿痛恨，激发了他强烈的民族自尊心，化为他此后一生“科技救国”的精神动力。于敏说：“愿为国家和民族的事业献出自己的一切，中华民族不欺负旁人，也不能受旁人欺负。”			

续表

<table>
<tr><td>姓　名</td><td>×××</td><td>学　号</td><td></td></tr>
<tr><td>学习时间</td><td colspan="3">2022 年 3 月 28 日至 2022 年 4 月 7 日</td></tr>
<tr><td>影视作品</td><td colspan="3">《功勋》</td></tr>
<tr><td colspan="4">"男儿立志出乡关，学不成名誓不还"。1944 年，于敏从耀华中学考入北京大学工学院电机系。两年后，出于对理论研究的热爱，于敏转入北京大学物理系。1949 年，新中国成立，于敏也顺利考取硕士，并在中科院近代物理研究所中崭露头角。
1961 年 1 月，一次重大人生抉择摆在了 35 岁的于敏面前。钱三强找到于敏，希望他参加一个极为秘密的任务——氢弹理论的预先研究。氢弹的研究毫无疑问属于国家安全最高等级的绝密工程，一旦参与其中，就意味着今后将长期投身边疆，隐姓埋名。这对任何人都意味着巨大的牺牲，更何况是一名事业正蒸蒸日上的青年科学家。面对这样重要的题目，于敏毫不犹豫："国家需要我，我一定全力以赴!"他毅然决然服从了组织的决定，毫不犹豫地放弃了挚爱的物理理论研究，接受了研制氢弹的艰巨任务。自那一刻起，"于敏"这个名字连同他的工作，一起变成了国家绝密，直到 1988 年。
半个世纪与"核"共舞，革命理想高于天。八上高原，六下戈壁，于敏拖着患有严重胃病的疲惫身躯来回奔波。西北核武器研制基地地处青海高原，于敏高原反应非常强烈，每餐只能吃下一二两米饭。食无味、觉无眠，从宿舍到办公室仅仅百米的距离，有时要歇好几次，吐好几次。即便如此，他仍坚持到所有技术问题解决后才离开。
1967 年 6 月 17 日，罗布泊沙漠腹地，平沙莽莽，夐不见人，一朵巨大无比的蘑菇状紫色烟云卷起沙尘，以雷霆万钧之势横扫戈壁滩。我国第一颗氢弹爆炸成功，当时的于敏远在 2500 多公里外的北京。一直守在电话旁的他得知爆炸的威力和自己计算的结果完全一致，欣喜万分，吟诵起他生平最喜欢的一首词——岳飞的《满江红》。
"三十功名尘与土，八千里路云和月"。从第一颗原子弹成功爆炸到氢弹爆炸成功，我国仅仅用时 2 年 8 个月，创下了全世界最短的研究周期纪录，有效遏制了超级大国的核讹诈、核威胁。收拾旧山河，中华民族更有底气地屹立于世界民族之林。
在先生 73 岁那年，曾以《抒怀》为题赋诗一首："忆昔峥嵘岁月稠，朋辈同心方案求。亲历新旧两时代，愿将一生献宏谋。身为一叶无轻重，众志成城镇贼酋。喜看中华振兴日，百家争鸣竞风流。"一首小诗，多少家国深情。正如于敏的一生：为了国家需要，隐姓埋名，淡泊名利；为了国家和平，不畏艰难，勇于创新；为了国家强大，鞠躬尽瘁，死而后已；为了国家未来，呕心沥血，未雨绸缪。</td></tr>
<tr><td>考核评价</td><td colspan="3">☑优秀　□良好　□中等　□及格　□不及格</td></tr>
</table>

第四章

基于问题学习的“问卷调查”实践教学

基于问题的学习方式（problem-based learning，PBL），是一种以学生为中心的教育方式，与传统的以教师讲授为主的教学方式不同。在PBL中，学生被置于一个真实、复杂的问题情境中，他们需要自己定义问题、分析问题、提出解决方案、实施方案并反思结果。整个学习过程强调团队合作和自主探究，旨在培养学生的批判性思维、问题解决和合作能力。

第一节 “问卷调查”实践教学技术路线

作为“思想政治理论课综合实践”课程的“个性化学习”项目，“问卷调查”是指教师和学生围绕课程学习主题指定或共同拟定具体“选题”或“课题”来开展的社会调查活动，让学生在完成“选题”或“课题”任务的过程中获得知识，发展自己的能力，使自己的情感、态度、价值观得到培养和提高。

一、何谓“问卷调查”

问卷调查是指通过制定详细周密的问卷，要求被调查者据此进行回答以收集资料的方法。所谓问卷是一组与研究目标有关的问题，或者说是一份为进行调查而编制的问题表格，又称调查表。它是人们在社会调查研究活动中用来收集资料的一种常用工具。调研人员借助这一工具对社会活动过程进行准确、具体的测定，并应用社会学统计方法进行量的描述和分析，获取所需要的调查资料。

问卷调查法是国内外社会调查中使用较为广泛的一种方法，大多用邮寄、个别分送或集体分发等多种方式发送问卷，由被调查者按照设计好的问卷来填写答案。一般来讲，问卷较之访谈表要更详细、完整和易于控制。作为一种科学的研究活动，问卷调查法也要遵循科学的程序和原则。

二、“问卷调查”的教学流程

（一）明确调查“选题”或“课题”，确定问卷类型

结合课程学习主题，可以针对学生实际和地方实际，灵活地确定“问卷调查”将要探究的“选题”或“课题”，并确定问卷类型。

在选择“选题”或“课题”任务时，最重要的是“选题”或“课题”的教育价值。有的“选题”或“课题”学术性过强，如“突发性动物疫情公共危机演化机理及应急公共政策研究”，这是专家们正在攻克的难题，不适合让学生去做，他们的知识和基础都不够，很难完成，教育目标也无法达到。面对一些社会问题，学生也许会提出一些具有学术价值、社会价值的问题来研究，只要是力所能及的，也应鼓励。但是千万不要本末倒置，刻意强求学术价值和社会效益。

（二）围绕研究目的，设计调查问卷

设计调查问卷是“问卷调查”的重要步骤，需要认真做好准备，仔细考虑研究目的、调查对象、问卷内容、问题类型、语言风格和排版等多个方面。只有这样，才能确保问卷的质量和有效性，从而得到可靠的调查结果。

（三）把握发放时机，及时回收问卷

把握发放时机和及时回收问卷是“问卷调查”的重要环节，需要认真考虑和研究。可以根据研究目标和受调查者的特点等因素来选择发放时机。例如，如果研究目标是了解人们在周末的行为和习惯，那么在周末进行问卷调查可能更为合适。如果研究目标是了解人们在工作日的行为和习惯，那么在工作日进行调查可能更为合适。此外，据有关报告显示，周二到周四是线上调查问卷发送的最佳时机。

（四）统计问卷结果，分析调查数据

统计问卷结果和分析调查数据是“问卷调查”的关键环节。通过合理的数据分析和解释，可以更好地理解问卷数据，发现其中的规律和趋势，制作图表和可视化

报告，可以为后续研究和决策提供支持。

（五）撰写调查报告，展示活动成果

撰写调查报告是“问卷调查”的最后一步。在完成问卷设计、实施调查、数据收集和统计分析之后，下一步就是撰写调查报告。调查报告应该清晰、简洁地呈现调查结果，并回答问卷调查的目的和问题，为决策提供科学依据。然后，学生采取PPT等形式，在课堂上现场展示调查报告相关内容和学习心得体会。

三、调查问卷的设计

（一）问卷的结构与类型

1. 问卷的结构

问卷一般由问卷标题、封面信、指导语、问题与选项、编码、结束语和其他资料七个部分组成。

（1）问卷标题

标题是简明扼要地描述问卷的主题或目的的信息。

（2）封面信

封面信是一封简短的信，向被调查者介绍问卷的主题和目的，以及调查者的身份。此外，它还会感谢被调查者的参与，并说明回答问卷的重要性。

（3）指导语

指导语是用来指导被调查者如何回答问卷的说明。它应该清晰、简洁，并提供必要的示例和解释。

（4）问题与选项

这是问卷的主体部分，包括一系列问题和对应的选项。问题应该明确、具体，并且易于理解。选项应该充分、清晰，并且能够涵盖所有可能的答案。

（5）编码

编码是将问卷中的答案转化为计算机可读的形式的过程。编码通常包括为每个问题和答案分配一个唯一的数字或代码。例如，把问卷中询问的问题和被调查者的回答，全部转变成为A，B，C……或a，b，c……等代码和1，2，3……等数字，以便运用电子计算机对调查问卷进行数据处理。

（6）结束语

结束语是对被调查者的感谢和反馈，以及关于如何联系调查者的信息。

（7）其他资料

其他资料包括问卷中使用的图表、照片、记录等辅助材料。

以上这些组成部分相互配合，共同构成了一份完整、有效的问卷。在设计问卷时，需要仔细考虑每个组成部分的细节，以确保问卷的准确性和可用性。

2. 问卷的类型

（1）按问题答案划分

按问题答案划分，问卷可分为结构式问卷、非结构问卷和半结构式问卷。

结构式问卷，通常也称为封闭式或闭口式问卷。这种问卷把问题的答案事先加以限制，只允许被调查者在问卷所限制的范围内进行挑选。结构式问卷，包括是否式、选择式、评判式、划记式。

非结构式问卷，也称为开放式问卷。这种问卷不设置固定的答案，让被调查者自由发挥。非结构式问卷往往用于以下情况：一是较深层次的问题研究。二是在研究初期，对所研究的问题或研究的对象有关情况还不十分清楚的情况下，采用开放式问卷，来帮助研究人员设计封闭式问卷。

半结构式问卷，介乎于结构式问卷和开放式问卷之间，问题的答案既有固定的、标准的，也有让被调查者自由发挥的，吸取了两者的长处。这类问卷在实际调查中运用还是比较广泛的。

（2）按调查方式划分

问卷可分为自填式问卷和访问式问卷。

自填式问卷是由被调查者自己填答的问卷。自填式问卷由于发送的方式不同而又分为发送问卷和邮寄问卷两类。发送问卷是由调查者直接将问卷送到被调查者手中，并由调查者直接回收的调查形式。邮寄问卷是由调查单位直接邮寄给被调查者，被调查者自己填答后，再邮寄回调查单位的调查形式。

访问式问卷是调查者通过来访被调查者，由被调查者填答的问卷。

（3）按问卷用途划分

问卷可分为甄别问卷、调查问卷和回访问卷（复核问卷）。

甄别问卷是为了保证被调查者确实是调查产品的目标消费者而设计的一组问题。它一般包括对个体自然状态变量的排除、对产品适用性的排除、对产品使用频率的排除、对产品评价有特殊影响状态的排除和对调查拒绝的排除五个方面。

调查问卷是“问卷调查”最基本的方面，也是研究的主体形式。任何调查，可以没有甄别问卷，也可以没有复核问卷，但是必须有调查问卷，它是分析的基础。

回访问卷，又称复核问卷，是指为了检查调查者是否按照访问要求进行调查而设计的一种监督形式的问卷。

（二）问卷主体的编制

问卷的主体是问卷的核心部分，包括各种问题和备选答案。问卷的主体设计是问卷设计研究的重点，需要根据调查的目的和需求进行详细的设计，以便收集到有用的信息和数据。

1. 题目的类型与设计

在设计问卷时，应该根据调查目的、被调查者的特点以及数据收集需求选择适合的题目类型。问卷中的题目可以分为多种类型，以下是一些常见的题目类型及其设计要点：

（1）填空题

填空题要求被调查者直接填写缺失的文本内容，通常只需要填写数字。一般在问题的后面画一短横线或括号，让被调查者自己填写。设计填空题时，需要注意提供足够的提示信息，避免出现歧义和模糊。同时，也要考虑到填空题的敏感性和隐私性，确保在收集信息时不会泄露个人隐私。例如：

●请问您有几个孩子？ ________个

●请问您家里有几口人？（　　）口

（2）选择题

选择题是最常用的题型，要求被调查者从一组选项中选择一个或多个满足条件的选项，即单选题和多选题。设计选择题时，需要提供清晰的选项，避免含糊不清的描述。同时，提供“其他”选项或开放式答案选项，以收集到更多个性化的信息。

①单选题。

所谓单选题即要求被调查者在题目给出的多个选项中只能选择一个答案。按答案的数量，又可分为二项选择题和多项单选题。

【二项选择题】二项选择题是一种常见的题型，提供两个相互排斥的选项，要求被调查者选择其中唯一的正确答案。这种题型通常用于测试被调查者对某一事实或概念的掌握，而非用于探索被调查者的观点、态度或行为。例如：

●您是否经常阅读书籍？

A. 是　　　　B. 否

【多项单选题】多项单选题，它提供多个选择项，并要求被调查者选择最符合他们实际情况的选项。每个问题通常会有一个主题或中心思想，被调查者需要根据题目要求选择最合适的答案。多项单选题按其形式又可分为以下几种类型。

第一种：文字表达式。问题的答案是以文字的形式加以表达。例如：

●您的婚姻状况是（请在合适答案后的方框中打✓）

未婚□　　　已婚□　　　离婚□　　　丧偶□　　　其他□

第二种：表格式。当询问若干有相同答案的问题时，为了节省篇幅和被调查者阅读问题的时间，可以将题目设计为表格式。例如：

●您觉得下列现象在你们学校是否严重？（请根据实际情况，在选项对应的空格中打✓）

	很严重	比较严重	不太严重	不严重	不知道
迟到					
早退					
请假					
旷课					

第三种：矩阵式。与表格式十分相似，只是去掉表格，题目的排列方式没有变化。例如：

●您觉得下列现象在你们学校是否严重？（请根据实际情况，在选项对应的方框内打✓）

	很严重	比较严重	不太严重	不严重	不知道
迟到	☐	☐	☐	☐	☐
早退	☐	☐	☐	☐	☐
请假	☐	☐	☐	☐	☐
旷课	☐	☐	☐	☐	☐

第四种：尺度式。尺度式选择题是一种特殊的多项单选题，要求被调查者根据题目要求选择一个最合适的答案。问题的答案通常是用尺度的形式给出，处于两端的是两组意义相反的词或命题，这种形式也称语义差异量表。例如：

●轻微的							强烈的
	1	2	3	4	5	6	

②多选题。

多选题是一种常见的题型，它通常提供多个选择项，要求被调查者选择所有符合他们实际情况的选项。在设计时需要考虑一些因素，例如选项的互斥性、答案的明确性和客观性等。依据不同的要求，多选题可分为多项限定选择题、多选排序题及多项任选题。

【多项限定选择题】多项限选式是指规定了选择答案数目的问题形式。它要求被调查者从所列举的多个答案中选择若干个，并且选择答案的数目是有限制的。例如：

●在过去的一年中，您一共购买了以下哪些商品（最多选择 3 个）？

A. 服装　B. 电子产品　C. 书籍　D. 食品　E. 家居用品　F. 其他

答案：A、B、D。因为问题要求被调查者最多选择 3 个选项，所以选择 A、B、D 是符合要求的。

【多选排序题】多选排序题，要求被调查者从多个选项中选择若干个，并且按照一定的顺序排列。这种题型通常用于了解被调查者对于某个问题的优先级、重要性或者偏好程度。例如：

●请按照以下因素对您的重要性排序（1 表示最重要，2 表示次重要，以此类推）：

A. 价格　B. 品质　C. 品牌知名度　D. 售后服务

E. 产品功能　F. 购买方便性　G. 外观设计　H. 其他

答案：1－E，2－B，3－A，4－D，5－F，6－C，7－G，8－H。被调查者认为产品功能最重要，其次是品质，价格和售后服务也比较重要，而购买方便性和品牌知名度则相对次要，外观设计和其他因素则最不重要。

【多项任选题】多项任选题，它提供多个选择项，并要求被调查者选择所有他们认为合适的选项，选择的数量没有限制。这种题型通常用于收集被调查者对于多个选项的意见和偏好。例如：

●以下哪些因素会影响您选择购买某种产品的决定（可以选择任意多个选项）？

A. 价格　B. 品质　C. 品牌知名度　D. 售后服务

E. 产品功能　F. 购买方便性　G. 外观设计　H. 其他

答案：A、B、D、E、F、G、H。被调查者认为价格、品质、售后服务、产品功能、购买方便性和外观设计都会影响他们的购买决策，同时还有其他因素也会影响他们的决策。

2. 问卷问题的设计原则

要提高问卷回复率、有效率和回答质量，设计问题应遵循以下原则：

（1）目的性原则

询问的问题必须与调查主题密切关联。在问卷设计时，要重点突出，避免可有可无的问题，并把主题分解得更详细，即把它分别做成具体的询问形式供被调查者回答。

（2）可接受性原则

在问卷导语中，要将调查目的明确告诉被调查者，让对方知道该项调查的意义和自身回答对整个调查结果的重要性。问卷用语要亲切、温和，提问部分要自然、有礼貌和有趣味，必要时可以采用一些物质鼓励，并代被调查者保密，以消除心理压力，使被调查者自愿参与，认真填好问卷。必须符合被调查者回答问题的能力。凡是超越被调查者理解能力、记忆能力、计算能力、回答能力的问题，都不应该提出。必须考虑被调查者是否自愿真实回答问题。凡被调查者不可能自愿真实回答的问题，都不应该正面提出。

（3）顺序性原则

要讲究问题的排列顺序，使问卷条理清楚，顺理成章，以提高回答问题的效果。一般而言，容易回答的问题放在前面，较难回答的问题放在中间，敏感性问题放在后面，关于个人情况的事实性问题放在末尾；封闭性问题放在前面，开放性问题放在后面；要注意问题的逻辑顺序，如可按时间顺序、类别顺序等合理排列。

（4）简明性原则

主要体现在以下几个方面：

①调查内容要简明。没有价值或无关紧要的问题不要列入，同时要避免出现重复，力求以最少的项目设计获取必要的、完整的信息资料。

②调查时间要简短。问题和整个问卷都不宜过长。一般问卷应控制在 20 分钟以内。

③问卷设计的形式要简明易懂、易读。

（5）匹配性原则

应事先考虑到能对问题结果做适当分类和解释，使被调查者的回答便于进行检查、数据处理和分析。

（6）客观性原则

设计的问题必须符合客观实际情况，这是问卷设计的一个基本要求。

（7）礼貌性原则

尽量避免涉及个人隐私的问题，如收入来源；避免那些会给被调查者带来社会或职业压力的问题，使人感到不满。问题的措辞应该礼貌、诚恳，争取被调查者的真诚合作。

（8）选项穷尽原则

问题提供的选择答案应该在逻辑上是排他的，在可能性上又是穷尽的。

（9）适合身份原则

问题的语言风格与用语应该与被调查者的身份相称。

（10）非导向性原则

问卷中的问题应该避免隐含某种假设或期望的结果，避免题目中体现出某种思维定势的导向。

（11）编码性原则

问卷调查中，调查资料的统计汇总工作十分繁重，借助于编码技术和计算机，则可大大简化这一工作，便于调查后的整理与分析。

四、数据统计分析

问卷的数据统计是一项重要的任务，它可以帮助调查者分析和理解问卷数据，从而得出有关被调查者的信息和结论。

（一）数据统计工具

选择合适的工具需要根据问卷的目的、数据类型和分析需求来决定。以下这些常用工具都可以实现问卷的数据统计和分析功能，但各有优缺点，需要根据实际情况进行选择。

1. Excel

Excel 是一种常用的电子表格软件，可以用于简单的数据统计和分析。例如，计算平均值、标准差、中位数等基础统计指标。

2. SPSS

SPSS（statistical package for the social sciences）是一种专业的统计软件，能够进行复杂的数据分析，包括描述性统计、因子分析、相关分析、回归分析等。

3. Stata

Stata 是一种专门为社会科学研究而设计的统计软件，能够进行各种统计分析，包括回归分析、因子分析、时间序列分析等。

4. R 语言

R 语言是一种开源的统计计算软件，拥有丰富的统计分析函数和包，可以进行各种复杂的统计分析和图形绘制。

5. 问卷星

问卷星是一个在线问卷调查平台，提供问卷设计、数据采集、数据统计和分析等功能。问卷星可以自动生成统计图表，并支持下载和分析数据。

（二）数据统计方法

1. 描述性统计

描述性统计主要是对数据进行基础性描述，以反映数据的集中趋势和离散程度。常用的描述性统计指标包括平均数、标准差、中位数等。

2. 因子分析

因子分析是一种统计方法，用于在大量变量中找出隐藏的具有代表性的因子。这种方法在问卷调查中常用，可以用来探索问卷数据的结构，以及各个问题之间的关联性。

3. 相关分析

相关分析用于研究两个或多个变量之间的关系。通过相关分析，可以了解问卷中的问题是否与所关心的变量相关，以及相关的程度。

4. 回归分析

回归分析是一种预测方法，用于研究一个或多个自变量对一个因变量的影响。在问卷调查中，回归分析可以用来预测某个结果，或者分析哪些因素对某个结果有显著影响。

5. 聚类分析

聚类分析是一种将相似对象组合在一起的方法。在问卷调查中，聚类分析可以用来将相似的被调查者组合在一起，或者将问卷中的问题分为几个类别。

以上是一些常见的问卷数据统计方法。在进行数据统计时，需要根据问卷的目的和主题选择合适的统计方法，以便更好地理解和解释数据。同时，还需要注意数据的清洗和整理，以保证数据的质量和准确性。

五、调查报告的撰写

（一）调查报告的基本结构

不同的调查报告在结构和内容上可能会有所差异，但大多数调查报告都由总标题、摘要、目录、前言、主体、结语和附录七个部分组成。在撰写调查报告时，应根据实际情况灵活运用，确保报告的结构清晰、内容完整、逻辑严谨。

1．总标题

总标题或总题目是整个报告的“点睛”之笔，必须准确揭示报告的主题思想，做到题文相符，同时要简明、具有较强的吸引力。可以按照“调查对象+调查课题+文体名称”的公式拟制标题，可以用问题作标题，也可以采用双标题写法，即由正副标题组成，其中正标题一般采用常规文章标题写法，副标题则采用“调查对象+调查课题+文体名称”的公式拟制标题。

2．前言

前言是调查报告开始的部分，也有的标示为引言或导言，还有的以“问题的提出”等为标题而不用“前言”。

前言没有固定的写法，一般要根据主体部分组织材料的结构顺序来安排，常用的有以下几种类型：

①提要式：把调查对象最主要的情况进行概括后写在开头，使读者一入篇就对它的基本情况有一个大致的了解。

②交代式：在开头简单地交代调查的目的、方法、时间、范围、背景等，使读者在入篇时就对调查的过程和基本情况有所了解。

③问题式：在开头提出问题，来引起读者对调查课题的关注，促使读者思考。这样的开头可以采用提问的方式引出问题，也可以直接将问题摆出来。

3．主体

前言之后、结语之前的文字，都属于主体，它是调查报告的核心部分。这部分的材料丰富、内容复杂，在写作中最主要的问题是结构的安排。其主要结构形态有三种：

①用观点串联材料。由几个从不同方面表现基本观点的层次组成主体，以基本观点为中心线索将它们贯穿在一起。

②以材料的性质归类分层。课题比较单一，材料比较分散的调查报告，可采用这种结构形式。

③以调查过程的不同阶段自然形成层次。事件单一、过程性强的调查报告，可采用这种结构形式。

4. 结语

结语位于调查报告主体部分之后，往往以“结论与讨论”“对策与建议”作为标题，显示作者的观点，对主体部分的内容进行概括、升华，往往是比较重要的一个部分。结语一般涉及以下内容：

①对整个报告的总结：用精炼的语言讲明报告的基本观点，给出调查的主要结论，以及研究的理论价值与实际意义。

②根据主体中对各种资料的分析，提出需要解决的问题，并给出某些建议与对策。

③说明本次调查研究取得的主要成果、研究假设是否得到证实，怎样解释调查的结果，研究存在的局限性及对下一步研究工作的建议。

④对曾给予调查工作大力支持的单位和个人所做的工作与贡献郑重致谢。

（二）调查报告的格式要求

1. 调查报告的内容要求

（1）题目

简要、明确，准确表达报告的主要内容，一般不超过22字。报告题目可参考“六、‘问卷调查’的参考选题”。

（2）摘要和关键词

摘要200字左右，关键词3~5个。

（3）引言

精炼概况，直切主题。简要介绍本次调研的相关背景、时间、地点、人员组成等情况，实践单位或部门的概况及发展情况，通过调研所要达到的目标等。

（4）正文

调研报告的核心内容。根据实践活动确定的调研目的，运用一定的研究方法，在具体介绍实践流程与实践内容的基础上，对调研过程中了解的情况进行认真梳理，找出存在的问题，分析形成的原因，有针对性地提出解决问题的对策、建议等。调研报告行文必须紧扣获得的实证材料进行分析，不能脱离材料。报告内容观点鲜明，重点突出，结构合理，条理清晰，文字通畅、精练。

（5）结束语

总结全文的主要观点，重点阐述本次调研所获得的结论、收获和感悟，进一步深化主题。

（6）参考文献

一律放在调研报告的末尾。参考范例：

文献类型标识：

①专著、论文集、报告。

［序号］主要责任者．文献题名［文献类型标识］．出版地：出版者，出版年：起止页码。

格式：［M］专著，［C］会议论文集，［R］报告。

●［1］刘国钧，陈绍业．图书目录［M］．北京：高等教育出版社，1957：15－18.

●［2］冯西桥．核反应堆压力容器的 LBB 分析［R］．北京：清华大学核能技术设计研究院，1997.

②期刊文章。

［序号］主要责任者．文献题名［J］．刊名，年，卷（期）：起止页码.

●［3］何龄修．读南明史［J］．中国史研究，1998（3）：167－173.

●［4］OU J P，SOONG TT．Recent advance in research on applications of passive energy dissipation systems［J］．Earthquack Eng，1997，38（3）：358－361.

③论文集中的析出文献。

［序号］析出文献主要责任者．析出文献题名［C］//原文献主要责任者（可选）．原文献题名．出版地：出版者，出版年：起止页码.

●［5］孙品一．高校学报编辑工作现代化特征［C］//中国高等学校自然科学学报研究会．科技编辑论文集．北京：北京师范大学出版社，1998：10－22.

●［6］钟文发．非线性规划在可燃毒物配置中的应用［C］//赵炜．运筹学的理论与应用：中国运筹学会第五届大会论文集．西安：西安电子科技大学出版社，1996：468.

④学位论文。

［序号］主要责任者. 文献题名［D］. 保存地：保存单位，出版年：起止页码（可选）.

●［7］赵天书. 诺西肽分阶段补料分批发酵过程优化研究［D］. 沈阳：东北大学，2013.

⑤报纸文章。

［序号］主要责任者. 文献题名［N］. 报纸名，出版日期（版次）.

●［8］谢希德. 创造学习的新思路［N］. 人民日报，1998－12－25（10）.

⑥电子文献。

［序号］主要责任者. 电子文献题名［电子文献及载体类型标识］. 获得地址或发表更新日期/引用日期. 电子文献的出版.

文献类型/载体类型标识：［J/OL］网上期刊、［EB/OL］网上电子公告，［M/CD］光盘图书，［DB/OL］网上数据库，［DB/MT］磁带数据库。

●［9］王明亮. 关于中国学术期刊标准化数据库系统工程的进展［EB/OL］. ［1998－10－04］（1998－10－16）http：//www. cajcd. edu. cn/pub/wml. txt/980810－2. html.

2. 调查报告的打印要求

统一使用 A4 纸，单面打印。

页面设置：页边距上、下 2. 5 cm，左右各 3 cm；字体全部用宋体，题目（宋体小二号字加黑），“摘要”字样（宋体小三号字加黑），摘要正文（宋体小四号字），关键词（宋体小四号字加黑），正文（宋体小四号字），章节标题（宋体四号字加黑）。行间距：1. 5 倍；字符间距：标准。

封面：单独打印。

六、“问卷调查”的参考选题

1. 教育类

①大学生对习近平新时代中国特色社会主义思想了解程度的调查。

②大学生对思政课满意度的调查。

③传统文化对大学生思想道德影响的调查与研究。

④高校校园文化现状的调查与分析。

⑤新时代新理念对高等教育的影响与对策调查。

⑥思政课在高校课程体系中的重要性调查。

⑦大学生社会实践实效性调查研究。

⑧高校思政课教学中的不平衡不充分问题调查研究。

⑨×××市高校创新创业教育的调查研究。

⑩大中小学生爱国主义教育的途径和方法研究。

⑪大学生自主学习现状调查。

⑫关于大学生思想政治理论课听课满意度调查。

⑬大学生网络信息伦理意识调查。

⑭网络信息传播对大学生思想和行为的影响调查与分析。

⑮主旋律影片对当代大学生价值观影响调查。

⑯关于大众文化对大学生影响的调查。

⑰大学生入党动机调查。

⑱大学生家庭观念调查。

⑲时尚文化对当代大学生价值观的影响研究。

⑳网络资源对大学生“中国近现代史纲要”课程学习影响的调查。

㉑网络信息传播对大学生价值取向影响的调查与分析。

㉒关于农民工随迁子女受教育权保障的调查。

㉓中国优秀传统文化对青少年成长教育影响调查。

㉔农村留守儿童安全教育调查。

㉕留守儿童课外学习状况调查——以×××地区为例。

㉖大学生社会主义核心价值观践行状况调查分析。

2. 社会治理类

①人工智能与社会治理融合问题研究。

②社会主义核心价值观在社会治理中的引导作用问题研究。

③新时代民间信仰问题调查研究。

④习近平新时代中国特色社会主义思想学习与传播状况研究。

⑤乡村振兴战略实施状况调查研究。

⑥大学生“校园贷”相关情况调研。

⑦×××市大学生恋爱观调研。

⑧社区党建相关情况调研。

⑧×××市垃圾分类现状及对策与研究。

⑩×××市流动人口的社会管理问题调查和研究。

⑪大学生校园维权意识及途径调查。

⑫农村留守儿童教育问题的调查——以×××地区为例。

⑬×××市农村老人居家养老现状调查。

⑭×××市（县）生态环境产业发展调查分析。

⑮×××村农业机械化状况调查。

⑯×××村村民业余文化生活状况调查。

⑰政府在大众文化传播中的作用和功能。

⑱网络舆情对公众社会认知影响因素调查。

⑲大学生信息化生活方式调查。

⑳大学生消费文化调查。

㉑城市居民社会安全感现状和原因调查分析。

㉒高校大学生群体“贫富差距”问题调查。

㉓大学生网络生活方式的现状调查与对策研究。

㉔城市农民工文化生活状况调查——以×××城市为例。

㉕小学生消费行为调查。

㉖网购对大学生消费观的影响调查。

㉗农民社会主义核心价值观认同感调查——以×××村为例。

㉘农民收入及负担调查。

㉙进城务工人员子女在城市阅读情况调查与思考。

㉚关于某地群众对法律及其现象认知途径的调研。

㉛当代大学生对法律及其现象认知途径的调研。

3．医疗卫生类

①居民医疗负担状况调查研究——以×××市为例。

②医保药品报销现状调查研究——以×××省为例。

③医闹问题及其影响调查研究。

④医务人员生存状况调查研究。

⑤“以药养医”问题改善状况调查研究。

⑥民营医院问题与对策调查研究。

⑦互联网环境下医疗服务问题调查研究。

⑧生育保险现状问题与对策调查研究。

⑨非城镇人口的医疗保障体系现状及分析。

4．就业类

①×××大学大学生初次就业与专业对口情况调研分析。

②大学生薪酬预期与实际收入的匹配性调查研究。

③大学生就业心理准备与用人单位需求状况及对策调查研究。

④大学生职业定位与职业发展关系状况调查研究。

⑤×××大学专业设置与学生就业率、薪酬和岗位职位调查研究。

⑥×××单位对××专业毕业生素质需求调查。

⑦×××区大学生就业的思政帮扶调查。

⑧传统文化教育对大学生就业观的影响。

⑨×××市大学生职业能力与职业幸福指数的关联度调研。

⑩×××市大学生成功就业的自我评价调查。

⑪大学生从事暑期工情况调查。

⑫大学生村官发展现状调查。

⑬当代大学生择业观的调查。

⑭大学生自主创业环境现状及优化对策调查。

第二节 “问卷调查”实践教学示范教案

示范教案：关于乡村振兴的问卷调查

一、教案名称

问卷调查：关于乡村振兴的问卷调查。

二、教学目标

①让学生了解乡村振兴战略的背景、意义和目标。

②引导学生通过问卷调查了解乡村发展的现状和问题。

③培养学生的社会责任感和参与乡村振兴的意识，同时培养学生的数据收集、分析和解读能力，以及批判性思维能力。

三、教学重点与难点

1. 教学重点

让学生了解乡村振兴的重要性和意义，教授学生如何设计和实施乡村振兴相关的问卷调查。

2. 教学难点

指导学生设计乡村振兴相关的问卷，教授学生使用统计分析方法对数据进行处理和解读。

四、教学方案

（一）教学思路

①围绕课程“乡村振兴”学习主题，引导学生明确“问卷调查”项目的具体“选题”或“课题”，并向学生简要介绍“问卷调查”项目的学习要求、学习任务

和考核标准。

②向学生做“问卷调查”项目的技能培训，主要内容包括问卷设计、数据统计分析、“问卷调查”报告书的撰写等方面的相关知识和技能。

③根据“问卷调查”项目的考核评价标准，指导教师对学生“问卷调查”项目学习成果评定等级，计入课程“综合评定”，同时，将优秀作品与同学们分享。

（二）教学指导

1．任务驱动

明确“问卷调查”是学生个人或团队学习项目，鼓励学生以团队形式开展“乡村振兴”相关问卷调查，将调研结果形成“问卷调查”报告书，以及开展优秀学习成果展示。

2．教师指导

①简要介绍“问卷调查”项目的学习要求、学习任务和考核评价标准。

②结合课程“乡村振兴”学习主题，教师指导学生分团队分方向确定具体“选题”或“课题”，可以从乡村振兴的认知、实施情况、面临的问题与挑战以及公众参与和期待等方面入手，问卷调研乡村振兴战略推进和实施情况。

③现场讲授“社会调查与问卷设计”，向学生做“问卷调查”项目的技能培训。

④在“问卷调查”项目学习过程中，向学生提供理论指导，确保不偏题，“选题”或“课题”切实可行，又能达成教育目的，向学生提供技术指导，确保样本选择与抽样、问卷设计与数据分析、调查报告撰写等的科学性。

3．学生调查

（1）明确调查“选题”或“课题”

在教师的指导下，综合学生能力、兴趣偏好完成团队组建，并选择与学生团队能力相适应的“选课”或“课题”。注意确定样本范围、“乡村振兴”相关的具体方面，如“××市乡村电商发展对农民增收的影响研究”“××市乡村文化传承与振兴战略融合研究”“××市农民对乡村振兴政策的认知与参与度研究”“××市乡村振兴示范村建设成效评估”等。

（2）调查问卷设计与实施

问卷设计是一个系统且重要的过程，它涉及多个环节和要素以确保问卷的有效性和可靠性。在调查实施前，先要向指导老师学习调查问卷设计的原则、方法和技巧。然后选择与目标群体相似的样本进行预测试，以便了解目标群体的特征、需求和偏好，从而设计更符合他们理解和接受能力的问卷，保证问卷的有效性和可靠性。可以是访谈式，也可以是问卷式。在正式调查阶段，要通过合适的渠道和方式发放问卷，运用统计方法对收集的数据进行分析，得出调查结果和结论。

（3）撰写调查报告，展示学习成果

根据调查结果和结论，撰写详细的调查报告，对调查过程、数据分析和结论进行全面阐述。同时，也要评估问卷调查效果，对整个过程进行评估和总结，找出优点和不足，为今后的问卷调查提供经验和借鉴。然后，采取 PPT、图表等表达形式，在课堂上现场展示问卷调查相关内容，分享学习心得体会。

（三）教学评价

通过“问卷调查”项目的学习与社会实践，撰写“问卷调查”报告书和现场学习成果展示，以及指导教师总结与评价等，进一步加深学生对乡村振兴的认知，深刻理解了乡村振兴的重要性和紧迫性。同时，学会设计问卷、收集和分析数据、撰写报告书等实用技能，锻炼学生的实践能力和团队协作能力。更重要的是，学生们通过亲身参与乡村振兴的调研工作，更加坚定为乡村振兴贡献力量的决心和信心，培养了他们的社会责任感和使命感。

根据课程考核评价内容和标准，指导教师对学生“问卷调查”项目的学习成果及时给予等级评价。

第三节　“问卷调查”实践教学成果范例

成果范例一：滨海新区外来务工人员政治融入的状况及影响因素分析

“思想政治理论课综合实践课程问卷调查”报告书

<table>
<tr><td>学习时间</td><td colspan="5"></td></tr>
<tr><td>项目名称</td><td colspan="5">滨海新区外来务工人员政治融入的状况及影响因素分析
——基于对天津滨海新区外来务工人员的问卷调查</td></tr>
<tr><td>项目类型</td><td colspan="5">□教育类　☑社会治理类　□医疗卫生类　□就业类</td></tr>
<tr><td rowspan="4">人员分工</td><td>姓　名</td><td>学号</td><td>联系电话</td><td>项目分工</td><td>贡献率</td></tr>
<tr><td>×××</td><td></td><td></td><td>问卷设计及实施</td><td></td></tr>
<tr><td>×××</td><td></td><td></td><td>问卷设计及实施</td><td></td></tr>
<tr><td></td><td></td><td></td><td></td><td></td></tr>
<tr><td colspan="6">项目简介（200 字左右）</td></tr>
<tr><td colspan="6">随着经济社会的发展，外来务工人员在城市社会发展的进程中扮演着越来越重要的角色，而他们与城市的融合度也成为我们必须关注的问题。基于对滨海新区外来务工人员政治融入状况的调查，本研究深入分析了城市外来务工人员政治融入所面临的问题以及成因，从而为促进外来务工人员政治融入提供现实依据。</td></tr>
<tr><td colspan="6">关键词（3 ~ 5 个）</td></tr>
<tr><td colspan="6">滨海新区；外来务工人员；政治融入</td></tr>
<tr><td colspan="6">正文</td></tr>
<tr><td colspan="6">根据国家卫生计生委发布的《中国流动人口发展报告（2015）》，我国流动人口到 2014 年年末达 2. 53 亿人，预计 2020 年流动迁移人口将逐步增加到 2. 91 亿人，流动人口在现居住地平均居住时间超过 3 年以上的占 55%[1]，半数以上流动人口有今后在现居住地长期居留的意愿。随着流动人口居留稳定性的增强，“外来务工人员如何真正地融入城市”则成为我们首先需要解决的问题。刘建娥对此作出了说明，她认为，“外来务工人员的诉求已经开始从经济诉求向政治诉求转变，这是他们在经济社会发展过程中自觉形成的，也是在制度观照下追求自主权利意识的觉醒”[2]。基于此，本文对天津市滨海新区外来务工人员进行了关于政治融入方面的问卷调查，了解和探析外来务工人员的政治参与、政治表达、社团参与等方面的状况，并以此探究影响其政治融入的因素。
一、研究程序与样本描述
为了准确把握城市外来务工人员的政治融入状况，本研究采取非概率抽样法，以天津市滨海新区从事制造业、建筑业、服务业等几大行业的外来务工人员作为样本，并且充分考虑到了样本的居留特点进行了问卷调查和深入访谈。如从事建筑业、制造业的外来务工人员大多聚居于蓝领公寓，部分以家庭为单位，居住较为集中，采取问卷式调查；从事服务业的外来务工人员流动性较强，居住松散，以访谈式调查为主。
在天津市滨海新区第二大街 MSD，本研究发放了 100 份问卷进行了预测性调查。对初次调查结果进行相关分析，辅以访谈，剔除不符合统计指标的题目，并对部分题目进行了修改，最终保留了 35 道题目，形成正式调查问卷，内容涉及经济能力、子女教育、劳资纠纷、民主管理、合法维权、政治参与等 23 项。正式调查分别在三类区域进行，即外来务工人员集中且职业、收入等较为接近的滨海新区蓝领公寓（如天美公寓、天江公寓等），便于搜集多个行业从业人员数据的政府机构——泰达开发区流动人口服务厅，以及文化程度较高、经济收入较好的部分外来务工人员群体所在的滨海新区第二大街 MSD 周边。</td></tr>
</table>

续表

2015 年 9 月至 2016 年 1 月，本研究在上述区域随机发放问卷 2500 份，回收问卷 2337 份，剔除无效问卷 319 份，共回收有效试卷 2018 份，有效回收率 80.7%。本次调查的样本中，男性占 61.7%，女性占 38.3%；未婚占 40.1%，已婚占 59.9%；接受了初等教育的占 36.5%，小学及以下教育水平占 11.7%，中等教育占 29.4%，高等教育占 22.4%；从事制造业者占 32.6%，建筑业占 25.4%，商业服务占 25.7%，社会服务占 21.3%；现为中共党员的占 5.6%，共青团员占 17.1%，民主党派人士占 1.0%，普通群众占 76.4%。此外，外来务工人员在滨海新区居留时间，最长有 48 年，最短不足半年，平均时长 4.69 年；他们每天工作时长，最长 13 小时，最短 5 小时，平均 8.86 小时；月收入最高者达到 2 万元，最低者仅 1000 元，人均月收入 3658 元。

二、研究发现与分析

所谓外来务工人员，一般是指外地来本地城市打工的人员，和农民工含义相近。本研究特指从事多种多样行业的外地来滨海新区工作的人员，包括农民工群体，一般是从事建筑行业、搬运、保安等技术含量低的体力劳动者和个体商贩。随着近年来经济能力明显提升，这部分人在物质需求得到一定程度满足的前提下，逐渐开始关注自身合法权益与城市融入，还包括至今尚未落户天津的各类型企业的白领、高层，他们受教育程度较高，经济能力强，对政治融入、公民权利认知程度高，政治诉求较为明确，政治参与度高，这也是本研究中一个不能被忽视的社会群体。

（一）政治融入的描述性分析

1. 政治行为与选择。调查结果显示，大多数外来务工人员的政治行为较为理性，态度乐观，并且期望参与到政治生活中来，但也有部分人对政治生活表现出了冷漠的态度。就整体而言，滨海新区外来务工人员的政治参与度不足，主要表现在：与政府、社区、工会等机构的联系很少，即使在发生劳资纠纷、合法权益受到侵害时，选择“隐忍”“私了”的人员也不占少数，分别达到了 40.7%、17.5%，向“同乡或同事寻求帮助”占到了 21.3%，说明部分外来务工人员的维权意识和法制观念有待加强；58.0% 的人因“没有参与渠道”和“没人引导”造成了政治参与的困难，12.4% 的人找不到“合法组织”，也有 23.3% 的人“忙于生计”无暇参与政治活动。表明滨海新区外来务工人员的政治参与渠道仍然存在着不够畅通的问题，这也就可以解释为何部分人员选择自己解决纠纷或困难了。

2. 政治诉求与愿望。调查结果显示，滨海新区外来务工人员的政治诉求主要集中在医疗政策、子女教育、住房政策、社会保障等方面。在“您最希望推行哪一项社会保障政策改革”的选择中，“医疗保险”“子女入学”“住房保障”，依次占 41.0%、19.5%、39.5%。可见，在城市里健康安全地工作和生活居留是外来务工人员首要考虑的问题和政治诉求。享有平等的市民待遇有助于增强外来务工人员的归属感，进而感受到权利的平等，促进其增强公共事务参与的能力，在此基础上才能进一步促进与当地的政治融入。反之，如果无法享有平等的医疗和社会保险政策，他们的子女无法享受与本地子女相同的教育资源，住房条件也得不到保障和提高，必然缺乏城市归属感，政治融入也就无法谈起了。总之，无论从哪个角度来说，在文化的融入、社会生活的融入条件平等的基础上，政治融入才能更好地进行。

3. 政治态度与动机。随着经济方面的满足，个体才开始注重社会融入。随着社会存在感的增强，外来务工人员对政治参与的渴求度也有所增强，这就代表了一个从“吃饱饭”到“有话说”的过程，这不但与外来务工人员经济收入有关，还与他们的社会接纳程度密不可分。调查发现，64.5% 的滨海新区外来务工人员认为如果有机会会认真行使选举权。高达 64.8% 的人认为滨海新区人大中应该有外来务工人员，需要他们站出来为本群体说话。这表明大多数外来务工人员的政治态度是积极的，但同时也存在着参政信心不足的问题，仅有 38.1% 的人认为自己有资格参与滨海新区的政治活动。此外，调查还发现滨海新区基层党组织建设还有薄弱环节，用工单位的党建工作存在感很低，甚至根本没有存在感，进而造成了外来务工人员缺乏合法政治参与渠道的现象，这种现象又使得他们政治参与的态度变得消极。

4. 政治素养与文化。滨海新区外来务工人员受教育水平总体偏低，初小教育水平高达 48.2%，接受“高等教育”的不过 22.4%，一定程度上制约了其政治素养与文化。但是他们依然可以通过电视、网络、报刊等大众传媒和人际传播逐步提高自己的政治素养与文化。例如 42.9% 的外来务工人员平日里经常关注滨海新区的时事热点与政策导向等新闻报道，对自身及外来务工人员在滨海新区的发展持有自己的想法与态度，对完善外来务工人员的管理体制、政策改革也有不同的见解。而且，如果有机会参与滨海新区的政治活动，59.1% 的人选择“反映外来务工人员利益”。

续表

（二）政治融入的影响因素分析 任何事物都不能孤立存在，都同其他事物处于一定的相互联系之中。滨海新区外来务工人员的政治融入同样如此，受到诸多主客观因素的影响和制约。 1. 个体特征。考察年龄、职业类型、工作时间和婚姻状况等个体特征与滨海新区外来务工人员的政治融入之间的相关性：（1）年龄因素：随着年龄的增大，对滨海新区的政治政策、周边环境、基础设施、福利待遇、社会保障等情况较为关注。20 岁以下的外来务工人员基本不关注、不参与政治活动。20～30 岁的青年人群政治参与度较高，尤其以家庭为单位迁移至滨海新区的，政治诉求明显。30～40 岁人群，对社会福利、社会保障及子女问题都比较重视，这个年龄段的人群政治参与度最高，对政治活动等比较热情，但 40 岁以上人群的参与积极度则呈下降趋势。（2）职业类型因素：制造业在滨海新区外来务工人员中占比例最大，人数最多，但参加选举等政治活动的相对较少，整体政治融入感较差。建筑业的情形与之类似。相比较而言，商业和服务业的外来务工人员参与度较高，政治融入较为理想。（3）工作时间因素：滨海新区外来务工人员人均每天工作时长 8.86 小时，超过了劳动法与劳动合同法的规定。过长的工作时间过多占用了外来务工人员的时间和精力，一定程度上影响了他们对滨海新区时事政治的了解和政治参与。（4）婚姻状况因素：调查发现 59.9% 外来务工人员已婚，他们更加关注社会保障政策，如养老保险、医疗保险和生育保险等社会保险，以及子女入学、住房保障等社会保障。因而，他们对政治参与有更多的热情，政治诉求也更为强烈。 2. 经济收入。在中外历史上，政治参与的程度都与经济发展密不可分的，联系到个人，个体的政治参与与其收入水平也是密不可分的，可以说“经济的发展从各个方面推动着政治的发展”[3]。调查结果显示：经济收入与政治融入程度之间呈正相关关系，即经济收入高的群体，政治融入程度较高，参加选举、与工会联系，以及对滨海新区的改革和发展关注度等情况都十分理想。而经济收入较低的群体，多“忙于生计”，无暇关注和了解哪些渠道和组织可以合法表达自己的政治诉求。可见，经济收入与政治融入度是紧密相关的，在满足基本生活需求的情况下，外来务工人员经济收入越高，政治参与的意愿越强，也更容易融入当地政治环境。 3. 文化资本。调查发现，受教育程度与滨海新区外来务工人员的政治融入存在一定相关性。其中，外来务工人员的受教育程度与其是否在滨海新区参与选举呈正相关，与认为是否具备参与滨海新区政治活动的资格呈正相关，同样与是否参与工会等社会团体呈正相关。而且，如果有机会参与滨海新区的政治活动，文化程度越高越愿意在参与政治时表达外来务工人员利益诉求，对个人的实现关注越少，盲目参与者越少，也越有意愿为政府决策出力。 4. 政治资本。在滨海新区外来务工人员中，普通群众所占比例最大，共青团员次之，小部分外来务工人员加入了中国共产党，加入民主党派的最少。政治面貌不同的外来务工人员，对政治的关注度和政治参与也大不相同。在来滨海新区之前，民主党派人士参与政治选举比例最高，中共党员次之，普通群众与共青团员都不足 20%；来滨海新区之后，民主党派人士和中共党员参与政治选举的比例进一步提升，但普通群众下降至 13.5%，共青团员不过 10.1%。尽管如此，如果有机会参加政治选举，大部分普通群众（65.5%）、共青团员（65.8%）会珍惜机会，认真行使选举权，明显高于中共党员（53.6%）和民主党派人士（30.0%）。然后，仅有 38.0% 的共青团员，34.8% 的普通群众认为有资格参与滨海新区的政治活动，远低于中共党员（72.3%）和民主党派人士（100.0%）。由此可见，政治资本与政治融入程度存在一定的相关性，在政治资本充足的情况下，政治参与意识和活动频率更高，但政治参与的严肃性和参与意愿却与其政治资本呈负相关。 三、研究小结 （一）自身因素 1. 经济地位较低。天津市人力资源和社会保障局发布的《2014 年度全市职工平均工资》显示：2014 年度本市职工年平均工资为 56232 元，月平均工资为 4686 元[4]，而对比本研究的调查数据，滨海新区外来务工人员月平均工资仅为 3658 元。同时，调查还发现外来务工人员的社会保障体系仍不完善，部分人仍然存在着看病难看病贵，以及子女入学难的问题。经济情况的相对劣势（甚至部分人员绝对劣势）直接影响了其政治参与的积极性。

续表

2. 政治地位处于弱势。滨海新区外来务工人员多为普通群众，中共党员和共青团员数量少，而工会、妇联和共青团等组织资源不足。因此，他们的意见和建议难以直接反馈，以致于外来务工人员对政治组织缺乏足够的信任感，在面临事故时多采用“私了”或“隐忍”的办法，即使求助，往往也倾向于寻找能带给他们安全感的同乡或同事，极少依赖于政府、工会等组织。一方面由于政治参与的经验缺乏，导致他们对相关流程不熟悉，另一方面他们心理上认为求助政府“太难”“过程太烦琐”“没有用”。据调查，“当日常生活中的合法权益受到侵害或发生纠纷时”，虽然仅17.4%的外来务工人员选择“私了”，比例最低，显示维权意识在不断上升。但选择“找政府或党组织反映”解决问题的也不过19.9%。因为只有13.0%的人相信政府能帮解决工作、生活上的困难。

3. 文化水平相对较低。文化水平也是影响其政治融入的重要方面之一，研究发现受教育程度高低对滨海新区外来务工人员对社会生活的关注以及政治参与意愿的影响几乎在首位。受教育程度越高，思考问题的方式越全面，参与社会生活的程度越高，对政治参与意愿也越强烈。相反，受教育程度低的人，对政治参与的内容与意义也就越难以理解，很难有效维护自身权利和履行应尽的义务。

（二）社会因素

1. 地区经济发展差异。中国城乡收入自从1978年以来一直呈现增长趋势，但由于农村居民收入增速明显慢于城镇居民，导致城乡居民收入差距呈现波浪式扩大的态势，全国城乡收入比由1978年的2.57:1扩大到2009年的3.33:1[5]。在2005年，天津市滨海新区成为国家重点支持开发开放的国家级新区，被写入“十一五”规划并纳入国家发展战略。2013年，滨海新区GDP达到8020.4亿元，人均GDP达到31万元人民币，约合5万美元。经济发展的不平衡促使外来务工人员大规模涌入，随着居留时间的不断延长，经济差异日益凸显成为影响这一社会群体政治融入最重要的因素。经济收入偏低的外来务工人员普遍缺乏政治参与的信心，对自己政治参与的资格和合法权益的维护冷漠视之，而经济收入较好、文化程度较高的那部分外来务工人员，政治参与热情度高，政治诉求表达意愿强烈。

2. 户籍制度的不完善。长期以来，落户城市是摆在外来务工人员面前的一大难题，既关系着城市居民身份的认同，更关系着与身份相匹配平等享有土地管理、社会保障、教育管理、医疗卫生等一系列的政策待遇。虽然在全国政协十二届一次会议召开的首次提案办理协商会上，公安部表示将建立实施居住证制度，使长期在城市并连续居住、参加社会保险的流动人口公平公正有序落户。但查阅“滨海新区2015年天津市居住证持有人随迁子女在本区申请入学登记办法”的资料发现，滨海新区外来务工人员随迁子女入学须提供五个证件，并且，滨海新区教育体育委员会在先妥善解决天津市户籍适龄儿童学位的基础上，再解决持有“租房”五证随迁子女的学位。若出现还有空余学位且又不能完全容纳所有“租房”五证随迁子女入学需求情况，将通过电脑随机派位确定部分持有“租房”五证随迁子女的学位。电脑随机派位未成功的“租房”五证随迁子女需做好回原籍入学的准备[6]。可见，户籍制度改革至今，滨海新区外来务工人员平等享有市民待遇尚需时日。

3. 社会心理的歧视。社会心理学家认为，人们对客观事物的认识受到自身的性格特征和个性倾向性的影响，这就使得个体对客观事物的认识具有了某种倾向性。在这种倾向性的基础上，经过错误的逻辑推理形成了对事实的歪曲认知，从而产生了对认知对象的偏离客观的、否定性的态度[7]。不可否认，社会融入是政治融入的基础，但是城乡发展的不平衡直接导致歧视心理的存在，城市居民在自身优越感的驱使下，带着有色眼镜来看待那些来自外地的外来务工人员，拒绝承认他们是城市的一份子，这种城市居民对外来务工人员本能的排斥，导致外来务工人员对城市的不安全感，也造成了外来务工人员政治上的话语权落空。

参考文献

［1］吴佳佳. 2020年我国流动人口将达2.91亿［N］. 经济日报，2015-11-12（5）.

［2］刘建娥. 从农村参与走向城市参与：农民工政治融入实证研究［J］. 人口与发展，2014（1）：70-80，112.

［3］王忠武. 论政治与经济之间的双向互动机制及其协调发展原则［J］. 山东科技大学学报（社会科学版），2000（4）：12-17.

续表

［4］天津：关于2014年度全市职工平均工资及2015年度工资福利和社会保险缴费基数标准等有关问题的通知（津人社局发〔2014〕103号）［EB/OL］．（2015/01/16）http：//www. lm. gov. cn/SocialSecurity/content/2015－01/16/content_ 1029088. htm.

［5］曹光四，张启良．我国城乡居民收入差距变化的新视角［J］．调研世界，2015（5）：9－12.

［6］滨海新区2016年天津市居住证持有人随迁子女在本区申请入学登记办法［EB/OL］．（2015/11/24）http：//tj. bendibao. com/news/20151124/74990. shtm.

［7］侯玉波．社会心理学［M］．北京：北京大学出版社，2002.

附件：问卷

关于滨海新区外来务工人员政治融入的影响因素及对策的问卷调查

Q1．性别：

A．男　　B．女

Q2．年龄：________周岁

Q3．来新区工作________年

Q4．工作时间：________小时/天

Q5．月均收入：________元

Q6．婚姻状况：

A．已婚　　B．未婚　　C．其他

Q7．职业类型：

A．制造业　　B．建筑业　　C．商业服务　　D．社会服务

Q8．教育水平：

A．小学及以下　　B．初等教育　　C．中等教育　　D．高等教育

Q9．政治面貌：

A．中共党员　　B．共青团员　　C．民主党派　　D．群众

Q10．在来滨海新区之前，您参加过选举吗？

A．有　　B．没有　　C．不记得了

Q11．在来滨海新区之后，您参加过选举吗？

A．有　　B．没有　　C．不记得了

Q12．如果有机会，您会认真行使选举权吗？

A．会　　B．不会　　C．不知道

Q13．您认为有资格参与滨海新区的政治活动吗？

A．有　　B．没有　　C．不清楚

Q14．您认为滨海新区人大代表中是否应该有外来务工人员？

A．应该，需要有人出来说话　　B．不应该，我们是外人

C．无所谓，都是作秀　　D．不知道

Q15．如果有机会参与滨海新区的政治活动，您希望：

A．反映外来务工人员利益　　B．实现个人利益

C．为政府决策出力　　D．不知道

Q16．您有入了工会、共青团、妇联等社会团体吗？

A．没有　　B．有

Q17．您认为参与滨海新区政治活动有哪些困难？

A．没有参与渠道　　B．没有合法组织

C．忙于生计　　D．没人引导

Q18．当遇到劳资纠纷时，您会怎么办？

A．向政府或党组织求助　　B．找工会等群众组织

C．找同乡或同事帮助　　D．隐忍

续表

Q19. 当日常生活中的合法权益受到侵害或发生纠纷时，您会怎么做？
A. 找政府或党组织反映　B. 找工会
C. 找法律援助中心　D. 私了
Q20. 政府有关部门能帮您解决工作、生活上的困难吗？
A. 一点用也没有　B. 没什么用　C. 有些用　D. 很有用
Q21. 为维护外来务工人员的合法权益，您认为应该怎么做？
A. 建立或加入自治组织　B. 建立或加入基层党组织
C. 加入社区组织
Q22. 您希望参与工作单位或居住社区的民主管理（如决策、监督等）吗？
A. 想　B. 不想　C. 无所谓　D. 不知道
Q23. 您平日里关注滨海新区的改革和发展吗？
A. 非常关注　B. 比较关注　C. 不关注
Q24. 您是否拥有社会保障卡？
A. 是　B. 否
Q25. 您享有以下哪些社会保险？（多选）
A. 养老社会保险　B. 医疗社会保险　C. 失业保险
D. 工伤保险　E. 生育保险
Q26. 您最希望推行哪一项社会保障政策改革？（单选）
A. 医疗保险　B. 子女入学　C. 住房保障　D. 其他
Q27. 您当前的住房类型是什么？
A. 廉租房　B. 已购公房　C. 经济适用房　D. 租住或借住
Q28. 您的子女是否在滨海当地就读？（选作）
A. 是　B 否
Q29. 在子女就读方面，您的困难是什么？（多选）
A. 高昂的借读费　B. 手续繁杂　C. 学区划分
D. 户籍问题　E. 其他
Q30. 您在医疗保障方面遇到的问题是什么？
A. 政策上的差别待遇　B. 工作人员的态度差异
C. 报销手续繁杂　D. 无医疗保障
Q31. 您参加哪种医疗保险？
A. 新型农村合作医保　B. 城镇职工医保
C. 城镇居民医保　D. 无医疗保险
Q32. 您最关注的新闻报道是什么？
A. 时事政治　B. 体育军事　C. 娱乐时尚　D. 财经健康
Q33. 您最喜欢的娱乐活动是什么？（多选）
A. 广场舞　B. 读书　C. 品茶　D. 下棋
E. 猜拳　F. 旅游　G. 逛街购物　H. 舞蹈健身
I. 看电视听广播　J. 其他
Q34. 您的就业渠道是什么？
A. 朋友介绍　B. 自主创业　C. 竞争上岗　D. 毕业分配
Q35. 您为什么选择来滨海新区就业？
A. 政策优越　B. 发展前景好　C. 家庭因素　D. 迫于生计

调查问卷到此结束，感谢您的支持与帮助！

考核评价	☑优秀　☐良好　☐中等　☐及格　☐不及格

成果范例二：红色影视剧对大学生信仰的涵化效果实证研究

“思想政治理论课综合实践课程问卷调查”报告书

<table>
<tr><td>学习时间</td><td colspan="5"></td></tr>
<tr><td>项目名称</td><td colspan="5">红色影视剧对大学生信仰的涵化效果实证研究——以天津地区高校为例</td></tr>
<tr><td>项目类型</td><td colspan="5">☑教育类　☐社会治理类　☐医疗卫生类　☐就业类</td></tr>
<tr><td rowspan="5">人员分工</td><td>姓　名</td><td>学号</td><td>联系电话</td><td>项目分工</td><td>贡献率</td></tr>
<tr><td>×××</td><td></td><td></td><td>问卷设计及实施</td><td></td></tr>
<tr><td>×××</td><td></td><td></td><td>问卷设计及实施</td><td></td></tr>
<tr><td></td><td></td><td></td><td></td><td></td></tr>
<tr><td></td><td></td><td></td><td></td><td></td></tr>
<tr><td colspan="6">项目简介（200 字左右）</td></tr>
<tr><td colspan="6">青年大学生是一个庞大的受众群体，正处于信仰生成的关键时期，红色影视剧应在引导大学生主流信仰生成上发挥一定作用。本研究采取分层抽样调查法，以天津市五所高校的 923 名在校大学生为样本，对大学生红色影视剧的收视行为和主流信仰的涵化效果进行了调查和分析。结果表明，尽管青年大学生收视动机不足，但相比较其他类型影视剧，红色影视剧却能留给大学生更为深刻的印象，以及在收视态度和涵化效果上的认可。</td></tr>
<tr><td colspan="6">关键词（3 ~5 个）</td></tr>
<tr><td colspan="6">红色影视剧；信仰；涵化效果</td></tr>
<tr><td colspan="6">正文</td></tr>
</table>

“我们所知道的大部分事情，或者我们以为自己所知道的大部分事情，其实我们根本没有亲身经历过。”我们之所以“知道”这些事情，是因为我们在媒体中看到或听到了这些故事。[1]尤其是对直接经验越来越少的大学生来说，他们对社会现实的感知、理解和信仰大多数来自大众传播尤其是电视所讲的故事。20 世纪 70 年代，电视在社会上开始流行，格伯纳及其同事把研究重点放在了电视的效果上，提出了涵化分析理论。格伯纳认为，大量的收视行为使得电视所提供的价值观、意识形态、观点、宗教信仰和形象，有可能变成观众的世界观，这一套价值标准得以成为文化主流时，电视所强调的价值观念会被观众所接受，也得到他们的认同。那么，长时间的收视行为是否使得红色影视剧所提供的主流信仰，有可能变成青年大学生的信仰呢？为此，本研究对天津市在校大学生红色影视剧的收视行为和主流信仰的涵化效果进行了调查和分析，以期找到二者之间的因果关系，为教育部门进行信仰教育决策提供参考依据。

一、研究对象与方法

（一）研究对象

本研究样本选自天津市五所高校在校大学生，包括南开大学、天津科技大学、天津财经大学、天津师范大学和天津滨海职业学院，共发放问卷 1000 份，收回 944 份。剔除无效问卷，共回收有效问卷 923 份，回收率为 92. 3%。从所选样本的性别、高校、年级和学科专业分布等情况看，本研究认为被调查对象可以在一定程度上反映天津市大学生这一群体的基本状况与特征。样本结构如表 1 所示。

表 1　样本结构

变量	类别	样本量	比例
性别	男	419	45. 4%
	女	504	54. 6%
年级	大一	249	27. 0%
	大二	343	37. 2%
	大三	208	22. 5%
	大四	123	13. 3%
专业	文史类	472	51. 1%
	理工类	451	48. 9%
所属院校	重点本科	196	21. 2%
	普通本科	584	63. 3%
	高职高专	143	15. 5%

续表

从以上数据可以看出，本研究基本上排除了男女比例失调，学科比例不平衡的问题，年级比例和院校比例控制有效。这样可有效地避免由于男女比例失调等导致数据不准确、产生误差等问题，提高了最后的数据的有效性。

（二）研究方法

1. 文献研究

文献研究（document study）是一种通过收集和分析现存的，以文字、数字、符号、画面等信息形式出现的文献资料，来探讨和分析各种社会行为、社会关系及其他社会现象的研究方式。本研究对传播学的涵化分析理论及其实证的分析程序进行了梳理和深入的分析。

2. 问卷调查法

认识社会要进行调查研究。根据研究目的和传播学关于涵化分析研究方法，我们将影视剧进行了类型化，并编制了“红色影视剧对大学生主流信仰的涵化效果的调查问卷”。全部回收的问卷经调查员核查后编码，并利用 SPSS 13.0 分析软件进行了统计分析。

二、大学生红色影视剧的收视行为分析

红色，象征着正义、进步和革命。2011 年，“红色”成为一大热词。唱红歌、去红色旅游、看红色影视剧成为一大潮流。如今，红色影视剧已成为各电视台黄金剧场的主角，并把不同的社会群体聚集到了一起。

（一）收视方式选择

对被调查大学生日常收视方式的选择进行分析，表 2 反映出样本中的大学生使用“上网”“电视”“数码播放器”“影院”等收视方式的收视频率基本均衡。

表 2　大学生收视红色影视剧的方式选择

	从不	偶尔	比较经常	经常
上网	22.1%	58.0%	15.7%	4.2%
电视	13.4%	59.9%	21.9%	4.8%
数码播放器	26.5%	51.6%	17.9%	4.0%
影院	37.4%	40.4%	18.3%	3.9%

（二）收视频率

对每周收视时长进行分析，被调查大学生收视时长在“2 小时以下”的最多，有效百分比占 48.2%，“2～4 小时”占 25.0%，“4～6 小时”占 16.0%，“6～8 小时”占 5.9%，“8 小时以上”占 4.9%。

为了让资料能够更加明晰地反映出样本中被调查大学生收视情况分布，根据每周收视时长分析，每周收视时长这个连续变量存在两个节点，即 2 小时和 8 小时。根据涵化分析理论，本研究以大学生每周收视时长为分段基础将大学生分为三类：“2 小时以下”为轻度观众、“2～8 小时”为中度观众、“8 小时以上”为重度观众。如表 3 所示，轻度观众占 48.2%、中度观众占 46.9%、重度观众占 4.9%。

表 3　红色影视剧的观众分类情况

	频数/人	百分比/%	有效百分比/%	累计百分比/%
轻度观众	445	48.2	48.2	48.2
中度观众	433	46.9	46.9	95.1
重度观众	45	4.9	4.9	100.0
总计	923	100.0	100.0	

从以上数据分析可以看出，当代青年大学生收视方式越来越多样化，但从收视红色影视剧的时长、频率来看，大学生收视动机略为不足，偏好较弱。

三、红色影视剧对大学生信仰的涵化效果分析

红色影视剧的创作以其对共产主义的坚定信念与执着追求和社会主流价值观吻合，基本上都有一个坚定的忠诚于祖国、忠诚于革命的英雄人物，并在这个英雄人物身上强烈地体现着爱国主义、集体主义、革命英雄主义等主流核心价值观。因而，本研究试图通过考察大学生收视红色影视剧之后是否留有一定的印象及收视之后的态度反应来侧面考察红色影视剧对大学生信仰的涵化效果。

续表

（一）收视类型影视剧的印象深刻度

随着影视文化的发展，它的形式更加多样化，分类也更加细化。我国市场上充斥着各种各样的影视剧，有都市言情剧、家庭伦理剧、青春励志剧、红色影视剧等。那么，在类型繁多的影视剧中，大学生会对什么样的影视剧更感兴趣以及留下更深刻的印象？本研究将影视剧类型化为“都市言情剧”“家庭伦理剧”“红色影视剧”“青春励志剧”“其他”五种，并进行了印象深刻度调查。

1. 收视类型影视剧印象深刻度的宏观分析

对被调查大学生收视类型影视剧之后的印象深刻度的宏观分析如表4所示，“都市言情剧”“家庭伦理剧”“红色影视剧”“青春励志剧”“其他”五种，分别占样本总量的12.6%、13.8%、21.7%、34.1%、17.9%。其中，“青春励志剧”留给青年大学生的印象最为深刻。

表4 大学生对类型影视剧的印象深刻度

	频数/人	百分比/%	有效百分比/%	累计百分比/%
都市言情剧	116	12.6	12.6	12.6
家庭伦理剧	127	13.8	13.8	26.4
红色影视剧	200	21.7	21.7	48.1
青春励志剧	315	34.1	34.1	82.2
其他	165	17.9	17.9	100.0
总计	923	100.0	100.0	

上述数据分析与当代大学生类型影视剧的偏好正好契合。表5所示为，大学生对“都市言情剧”“家庭伦理剧”“红色影视剧”“青春励志剧”“其他”五种类型影视剧的偏好，分别占样本总量的14.5%、15.5%、14.3%、36.4%、19.3%。其中，“青春励志剧”最得青年大学生的喜欢，符合大学生所处年龄段积极要求上进，寻求社会认同的心理。

表5 大学生对类型影视剧的偏好

	频数/人	百分比/%	有效百分比/%	累计百分比/%
都市言情剧	134	14.5	14.5	14.5
家庭伦理剧	143	15.5	15.5	30.0
红色影视剧	132	14.3	14.3	44.3
青春励志剧	336	36.4	36.4	80.7
其他	178	19.3	19.3	100.0
总计	923	100.0	100.0	

如果将表4与表5的数据做对比分析，我们可以进一步发现除了红色影视剧，其他各类型影视剧留给大学生的印象深刻度无一例外地呈现下降趋势。相反，尽管收视动机不足，但是红色影视剧却以其所蕴含的深层次世界观、人生观和价值观更能深入人心，留给大学生更为深刻的印象，印象深刻度提升到了21.7%。

2. 收视类型影视剧印象深刻度的微观分析

根据研究设计，本研究还进一步考察了大学生收视类型影视剧之后“留有印象的类型影视剧”和“留有印象的类型影视剧人物”的数量，来侧面考察大学生收视类型影视剧的印象深刻度。

调查发现：绝大部分大学生能够回忆起一定数量的红色影视剧。其中，“1～4部”，占48.6%；“5～8部”，占27.1%；“9部以上”，占17.0%。“毫无印象”的，仅占7.3%。其他类型影视剧的留有印象的数量，“1～4部”、“5～8部”和“9部以上”所占比例比较均衡，均在30%左右。对留有印象的影视人物数量进行分析，对红色影视剧人物没有印象的仅有5.7%，低于其他类型（6.6%），“1～4个”和“5～8个”的比例均高于其他影视剧，而“9个以上”的所占比例则较低。

总的来说，上述两项数据统计，虽然在绝对数量上略弱于其他类型影视剧，但相对于其他类型影视剧85.7%的偏好而言，红色影视剧的潜移默化的涵化效果却要更明显。

续表

（二）大学生收视红色影视剧之后的态度分析

艺术源于生活又高于生活。红色影视剧不仅仅是创作者对生活的浓缩与提炼，更是对革命先烈为理想和信仰而进行艰苦卓绝斗争的再现。尽管不一定是某个特定的历史人物及其生活历程，或多或少地也掺杂了创作者的个人倾向和艺术加工，但总体上而言，我们仍然可以从剧情中依稀看到一个或几个，甚至一群革命先烈可歌可泣的英雄事迹和高贵品格。红色影视剧这种对利他主义的褒奖和对人欲的涤荡，绝不是那些突出自我的类型影视剧所能比拟的。

1. 红色影视剧的可信度分析

关于红色影视剧可信度的分析，以大学生对红色影视剧中革命先烈及其英雄事迹的可信度为判断依据，考量大学生对红色影视剧的涉入程度，以此反映红色影视剧对大学生的涵化效果。可信度越高，涵化效果越明显。

按可信度程度，分为“很不可信”“比较不可信”“比较可信”“很可信”四种情形。其中，可信度为“比较可信”的最多，占样本总量的55.1%，“很不可信”和“比较不可信”，合计仅占样本量的34.9%。可见，大多数大学生认可红色影视剧的真实性，潜移默化地接受着红色影视剧所蕴含的世界观、人生观、价值观、道德观和信仰的涵化影响。

2. 收视之后的行为反应分析

红色影视剧的涵化效果还体现在大学生是否表现出对剧情和剧中人物的持续关注。调查中发现，在收视红色影视剧之后，83.9%的大学生会“主动搜索人物原型”，88.2%的大学生选择“与同学、朋友讨论”，71.4%的大学生还会通过“网上浏览相关评论，甚至跟帖”的方式进行交流，阐述自己的观点和看法。而且，“对新近播放的红色影视剧的态度”，61.8%的大学生表示“喜欢”，仅有7.5%的大学生表示“很不喜欢”。可见，当代大学生群体对红色影视剧所蕴含的人生观、价值观和信仰还是比较认同的，红色话题已经成为了大多数大学生彼此之间比较常见的话题和重要的交流沟通桥梁。本研究还进一步结合大学生收视频率与收视之后的行为反应进行了分析，如表6所示，一般而言，重度观众要比轻度观众表现出对红色影视剧更为积极的态度，主流信仰的涵化效果也会更好。

表6　大学生收视之后的行为反应对比表

	主动搜索人物原型	与同学、朋友讨论	网上浏览 相关评论，甚至跟帖
轻度观众	79.8%	85.2%	59.8%
中度观众	87.5%	90.8%	82.5%
重度观众	88.9%	93.3%	80.0%

四、大学生对红色影视剧涵化作用的认可度分析

“影视剧除了向观众传送明显的直观的声画形象和故事内容外，还通过传播价值观念、道德规范、社会准则、生活方式等潜在的文化信息，影响着人们的价值观、世界观和人生观。”[2]青年大学生是一个庞大的受众群体，正处于信仰生成的关键时期，红色影视剧应该在引导大学生主流信仰的生成上发挥一定作用，通过长期收视红色影视剧，耳濡目染，在精神上情感上或多或少地会受到影响。

（一）对红色影视剧信仰教育作用的认可度

对红色影视剧信仰教育作用的认可度进行频率分析，大多数大学生对红色影视剧的积极影响持肯定态度，高达73.8%，“没有影响”“完全没有影响”分别占样本总量的22.2%、4.0%。说明了红色影视剧在对当代大学生价值观、信仰涵化方面起着举足轻重的作用。调查中还发现59.6%的大学生认为其他人比自己更容易受到红色影视剧的感染，仅有4.8%的大学生认为他人面对红色影视剧时无动于衷。而且，在信仰教育效果方面，高达72.1%的大学生认为收视红色影视剧比高校思想政治理论课更有实效，仅有5.1%不认可。

（二）接受红色影视剧信仰教育的意愿

对红色影视剧的信仰涵化作用的认可还体现在大学生对红色影视剧潜在的主流信仰教育价值的认可，即是否愿意接受更多优秀的红色影视剧的熏陶。近七成的大学生愿意接受更多优秀的红色影视剧的熏陶。具体来说，在“拍摄更多红色影视剧”方面，样本中68.9%的大学生持肯定态度，仅有4.1%“完全反对”；72.0%的大学生希望收视更多的红色影视剧，甚至70.5%的大学生认为高校有必要开设“红色影视频道”。

续表

五、结束语

“涵化”理论在认知层面上探讨媒介效果，而且将“效果”定义为“媒介的效果不在于让我们产生什么行为，而在于它赋予各种事物的意义”[3]。本研究通过问卷调查收集了在校大学生关于红色影视剧的收视行为、态度和涵化作用的认可度等资料，并与其他类型影视剧进行比较，以发现它们之间的相关性，同时考察个人收视情况。研究发现，红色影视剧蕴含着社会主流价值观，大学生从电视中看到的状况与亲身感受的社会环境相比较，将赋予他们的言行更多的内容和积极意义，而且，越是长时间收视红色影视剧，对社会主流价值观和接受红色影视剧涵化作用的意愿越是明显。

参考文献

[1] 理查德·韦斯特，林恩·H. 特纳. 传播理论导引：分析与应用［M］. 刘海龙，译. 北京：中国人民大学出版社，2007：414.

[2] 赵慧彩. 浅析影视剧对受众价值观的影响［J］. 新闻爱好者，2011（7）：16.

[3] 宫承波. 传播学纲要［M］. 北京：中国广播电视出版社，2007：192.

附件：问卷

红色影视剧对大学生信仰的涵化效果的调查问卷

亲爱的同学：

您好！很抱歉打扰您。本问卷调查的主要目的是验证红色影视剧是否对大学生信仰存在着涵化效果，并探讨这一效果产生的深层原因。因此，请您以一种支持学术研究的心情，暂时放下手中繁忙的学习，仔细地填答这份问卷，在选择项处画“√”。

………………………………………………………………………………………………

1. 您的性别：男□ 女□

2. 您所在的学校：重点本科□ 普通本科□ 高职高专□

3. 您所在年级：大一□ 大二□ 大三□ 大四□

4. 您所在的学科：理工类□ 文史类□

5. 请问您最喜欢看的影视剧类型？

都市言情剧□ 家庭伦理剧□ 红色影视剧□ 青春励志剧□ 其他□

6. 请问您至今印象最深刻的影视剧类型？

都市言情剧□ 家庭伦理剧□ 红色影视剧□ 青春励志剧□ 其他□

7. 请问您最近平均每周花多长时间看红色影视剧？

2小时以下□ 2~4小时□ 4~6小时□ 6~8小时□ 8小时以上□

8. 请问您上网时，是否会选择观看红色影视剧？

从不□ 偶尔□ 比较经常□ 经常□

9. 请问您看电视时，是否会选择观看红色影视剧？

从不□ 偶尔□ 比较经常□ 经常□

10. 请问您的数码播放器是否曾存放和播放过红色影视剧？

从不□ 偶尔□ 比较经常□ 经常□

11. 请问您是否会去电影院观看红色影视剧？

从不□ 偶尔□ 比较经常□ 经常□

12. 请问您如何看待红色影视剧里的革命先烈及其英雄事迹？

很不可信□ 比较不可信□ 比较可信□ 很可信□

13. 请问您看完历史题材的红色影视剧之后，会主动搜索人物原型吗？

从不□ 偶尔□ 比较经常□ 经常□

14. 请问您看完热播红色影视剧之后，会与同学、朋友讨论吗？

从不□ 偶尔□ 比较经常□ 经常□

15. 请问您看完热播红色影视剧之后，会去网上浏览相关评论，甚至跟帖吗？

从不□ 偶尔□ 比较经常□ 经常□

续表

16. 您对新近播放的红色影视剧的态度是什么？ 很喜欢□　　比较喜欢□　　比较不喜欢□　　很不喜欢□ 17. 您认为红色影视剧会对当代大学生的信仰选择产生积极的影响吗？ 影响很大□　　有一定影响□　　没影响□　　完全没影响□ 18. 相对于您而言，您认为他人是否会更容易受到红色影视剧的感染？ 更容易□　　容易□　　不容易□　　更不容易□ 19. 您认为有必须拍摄播放更多的红色影视剧吗？ 很有必要□　　有必要□　　没必要□　　完全没必要□ 20. 您认为大学生有必要观看更多的红色影视剧吗？ 很有必要□　　有必要□　　没必要□　　完全没必要□ 21. 您认为观看红色影视剧是否会比高校思想政治理论课在信仰培养方面效果更突出？ 非常突出□　　突出□　　不突出□　　非常不突出□ 22. 您认为高校是否有必要开设“红色影视频道”？ 很有必要□　　有必要□　　没必要□　　完全没必要□ 23. 请您迅速回忆一下，现在依然还有印象的红色影视剧大约有多少部？ 无□　　1～4部□　　5～8部□　　9部以上□ 24. 在您的记忆中，红色影视剧里依然印象深刻的影视人物有多少个？ 无□　　1～4个□　　5～8个□　　9个以上□ 25. 请您迅速回忆一下，现在依然还有印象的其他类型的影视剧大约有多少部？ 无□　　1～4部□　　5～8部□　　9部以上□ 26. 在您的记忆中，其他类型的影视剧里依然印象深刻的影视人物有多少个？ 无□　　1～4个□　　5～8个□　　9个以上□ 调查问卷到此结束，感谢您的支持与帮助！	
考核评价	☑优秀　　□良好　　□中等　　□及格　　□不及格

第五章
基于主题探究的“访问调查”实践教学

基于主题的学习（theme-based learning）是一种教学方法，通过这种方法学生可以深入学习一个主题，从多个方面进行了解和学习。它强调学生对主题的自主性和创造性探究，学生可以自主选择学习的内容、方式和进度，通过深入探究主题可以获得更深刻的理解和思考。在学习过程中，学生需要利用各种资源和学习工具来辅助学习，例如图书、网络、软件、实验和讨论等。

第一节　“访问调查”实践教学技术路线

作为“思想政治理论课综合实践”课程的“个性化学习”项目，“访问调查”是一种深入了解某个主题或话题的方法，通过访谈的形式来收集信息、分享观点和经验，以及探讨问题和解决问题。

一、“访问调查”的定义

访问调查是访问者与受访人通过现场或线上面对面交谈，以口头调查、问卷调查等方式收集资料，并进行分析研究的一种方法。通常该方法可以用来了解受访人的观点、态度、选择和行为等，例如询问受访人有关生活习惯、兴趣爱好、对某些社会问题的看法等。

与其他调查方式相比，访问调查具有很多优点。首先，访问调查的受访人可以自由地表达自己的意见和想法，而不会被书面表达所限制。其次，访问调查可以充分利用访问者的判断力和智慧，对受访人的回答进行深入的追问和剖析。此外，访问调查也通常被认为是一种比较灵活、生动的调查方式，可以更好地适用于不同背景、不同文化的受访人，更具针对性。

当然，访问调查也存在一些缺点。首先，无论是现场还是线上，该方法都需要访问者与受访人进行直接实时交流，因此需要花费更多的时间和精力。其次，访问调查的质量在很大程度上取决于访问者的素质和经验，因此需要访问者经过专业的培训和考核。此外，由于访问调查是主观的，因此受访人可能会受到访问者的影响而改变自己的回答。

总之，访问调查是一种在社会科学研究中广泛应用的学习方式，可以用来收集有关受访人的观点、态度、行为等方面的资料，具有灵活深入、针对性强等优点。

二、“访问调查”的教学过程

作为一种深入社会的实践活动，访问调查应遵循科学的程序。从访问调查的内在逻辑来看，将其程序分为四个阶段，即选题阶段、准备阶段、实施阶段和总结阶段。

（一）选题阶段

确定访问主题是访问调查的逻辑起点，好的访问主题需要建立在对相关资料进行查阅和收集的基础之上。在“思想政治理论课综合实践”课程中一项访问调查的选题是否可取，主要从以下几点进行评判：

1. 选题与课程学习主题的相关度

访问选题应与“思想政治理论课综合实践”课程的学习主题密切相关，在学习主题的范围内选择某一具体切入点，围绕该切入点以对实际生活中的人物、群体和故事的访谈反映学习主题的主旨与精神。

2. 选题的价值性、时效性

访问选题应具备一定的理论价值和应用价值，与当下时代紧密结合，体现时代特点。选题的理论价值体现在能否在逻辑上回应或解读学习主题所对应的思想政治理论课教学重难点，而应用价值则体现在能否在实际生活中说明学习主题所对应的思想政治理论课教学重难点或解决一定的现实问题。

3．选题的可行性

访问选题是否可行直接关系到访问调查是否具有操作性，能否顺利完成，因而可行性是考察选题是否可取的重要因素。访问选题应适合访问者能够接触到实际相关领域、相关人物并能够反映相关问题。

（二）准备阶段

1．准备访问内容

（1）安排团队分工

作为一项团队实践，当团队成员为 2 人以上时，就需要对每位成员在访问调查中需要完成的任务作出合理分配，形成良好的团队效应。

（2）确定访问对象

访问对象是访问活动直接针对的主体，也是促成访问活动有所收获的关键要素。如果将访问调查比喻成前行的火车，那么车头便是访问主题，而访问对象则是车轮，选择恰当的车轮对于火车能否高效前行至关重要。围绕访问主题，在相关领域，优先选择有亲身经历的访问对象；在有亲身经历的访问对象中，优先选择经验丰富或成绩突出者。除此之外，其知情的家属、朋友、同事等相关人物亦可成为访问对象。在特定条件下，还可围绕访问主题选择持不同观点的访问对象。总之，选择的访问对象与访问主题关联性越高、越丰富，访问成果越值得期待。

（3）拟定访问问题

访问问题如同前述比喻中火车前行的轨道，在车头访问主题的引领下，铺就的轨道与车轮是否合适，方向是否正确，直接关系到火车能否平稳到达预期的目的地。访问问题首先要紧扣访问主题，体现访问目的；其次要与访问对象的身份、经历等背景相适应，要让其有意愿去表达、有内容可表达，通过问题设置引导访问内容回应访问主题甚至升华主题，引发思考。访问问题的拟定和回答内容的预设，需要学生从实际出发，做好充足的准备，多了解一些相关信息和资料，尽可能多人合作，集思广益，培养和锻炼自己的问题意识和创新意识。

（4）构思访问形式

访问形式可视具体情况采取一对一问答型、多人讨论问答型、播报问答型等各种多元化方式。在具体问答过程中可就相同问题访问不同对象，也可就一个访问对象进行深入的多问题访问，因时、因地、因人构思不同的访问形式，以服务于访问内容的获取和访问主题的需要。

2. 准备访问工具

任何一项社会调查研究都必须借助于特定的工具来实施。这里的访问工具既包括手机、录音笔、摄像器材等访问硬件设备，也包括问卷调查、音频转换等相关辅助软件。

（三）实施阶段

1. 联系访问对象

除了条件允许情况下的随机访问，大部分访问调查需要与访问对象事先进行对接与沟通，以确定访问时间和形式。在必要情况下，还需要根据最终联系并确定的访问对象适当调整访问问题和形式。除了面对面访问，还可采取线上访问、问卷调查等必要形式。

2. 访问拍摄记录

访问过程中应尽量保证访问问题按计划落实，只多不少；访问形式可根据实际需要进行适当演练，但需要确保访问的客观真实。随同访问进行的拍摄应尽量采取多机位、多角度的方式，全面记录包括访问对象的语言表述、面部表情、肢体动作以及访问环境等各种访问内容，做好完整清晰的画面、声音乃至文字记录。

（四）总结阶段

1. 制作访问视频

访问视频是访问成果的直观展现，在形式上应按照要求的时长与制式进行制作，在内容上应体现最扣题、最精彩的访问环节。一个完整的访问视频至少包括三部分：一是含有访问主题的片头；二是访问对象的受访内容，在保证客观真实的基础上，依据访问主题和访问形式遵循一定的逻辑主线予以合理呈现；三是含有团队成员署名的片尾。视频制作需运用相关软件工具进行后期加工剪辑，添加必要的字幕、图片、文字说明、背景音乐等相关素材，援引他人作品需要标明出处。

2. 撰写访问报告

访问报告除应包括通过访问获取的文字及数据资料，还需借助一定的研究方法对相关资料进行归纳与分析，以得出与访问主题相呼应的结论及对策。

根据访问目的的不同，访问调查报告可以分为规范的研究型报告和相对灵活的访问心得报告。其中，规范的研究型报告一般包括引言、研究方法、结果分析、对策建议、小结、参考文献等部分。访问调查报告的文字与写作风格要尽量采用客观的表述，语言要准确、朴实、简洁、生动，可以采用必要的图表和数字说明问题。

三、“访问调查”的设计

（一）访问主题设计

具体的访问主题可围绕与课程学习主题相关的某一具体典型人物来命名；也可围绕相关领域某一具体事件来命名；还可直接援引教材或相关文献资料中的表述，以一定对仗方式来命名。无论采取哪种方式，应保证访问主题的鲜明直接、积极向上，与课程学习主题密切相关并朗朗上口、富有时代气息。

（二）访问过程设计

1. 访问准备

（1）确定访问目的

围绕访问主题确定访问要达到的具体目的，包括对现状的了解，对主要问题的把握，对问题成因的探析和相应结论的总结或对策分析。

（2）撰写访问提纲

确定访问目的后，应撰写包括访问对象和访问问题的访问提纲。提纲类型至少可分为以下两种：

一是要点式。要点式提纲只要求列出对访问对象提出的关键性或起始性问题，不一定包含全部问题，也无须对回答进行预设，在访问过程中由访问者自主把控。这种方式比较适合富有经验的访问者，在确定一定访问范围的情况下无须对具体访问对象有详细的先行了解。

二是脚本式。脚本式提纲要求对访问者与访问对象的提问与回答环节进行详细设计，列出尽可能全面的问题并预设回答的内容。这种方式需要对具体访问对象有详细的先行了解，一般适用于多人讨论问答型、播报问答型等各种多元化访问形式。

2. 访问实施

（1）联系访问对象

向访问对象表明身份，介绍活动背景和访问主题，确定访问时间和地点。在采取要点式提纲进行访问的情形下，可通过事先的简要沟通对访问对象进行甄别，以决定提问内容；在采取脚本式提纲进行访问的情形下，可将拟定的提纲发给访问对象以便其了解访问内容，有所准备。

（2）进行访问

应根据访问提纲选择适合的访问环境，访问者应注意个人着装和用语，访问时除应根据提纲展开提问，还应注意把握以下几个环节：第一，暖场部分，也叫作破冰环节，让访问对象放松，与之拉近距离，方便接下来的访谈；第二，介绍访问对象的基本信息，可由访问对象自行介绍或者由访问者进行介绍；第三，了解访问对象与访问主题相关的基本经历或基本态度；第四，对相关细节、故事进行确认和深挖；第五，在结束访问前，要对访问做总结，既表示对访问对象的感谢，又是联系访问目的进行点题。

（三）注意事项

访问是一门艺术，是访问者个性的一种展示，访问者如何进入访问现场，访问过程中如何向受访人提问、倾听受访人的述说与对其回答作出回应，这些访问技巧是访问调查能否成功的重要保证。

1. 谈话遵循

避免只凭主观印象，或访问者和受访人之间毫无目的、漫无边际的交谈。关键是要准备好访问计划，包括关键问题的准确措辞以及对访问对象所做回答的分类方法。也就是说要事先做好如下准备：谈话进行的方式；提问的措辞及其说明；必要时的备用方案；规定对访问对象所做回答的记录和分类方法。

目前往往出现的问题是，访问时总想跳过制定访问计划这一步进入具体实施阶段，事先准备不充分，因而不能收到预期效果。一个不愿思考问题、不善于提出问题的人，在访问工作中是很难有成功的希望的。

2. 收集材料

对受访人的经历、个性、地位、职业、专长、兴趣等要有所了解；要分析受访人能否提供有价值的材料；要考虑如何取得受访人的信任和合作。另外，在访问时要掌握好发问的技术，善于洞察受访人的心理变化，善于随机应变，巧妙使用直接法——开门见山、间接法等。

3. 所提问题

问题要简单明白，易于回答；提问的方式、用词的选择、问题的范围要适合受访人的知识水平和习惯；访问内容要及时记录，记录时也可以采用表格来整理谈话材料。

4. 做好调查

为了使受访人留下良好的印象，要善于沟通，消除误会隔阂，形成互相信任融洽的合作关系。访问者还要注意自己的行为举止，其中关键是以诚相待，热情、谦虚、有礼貌。有时访问的失败正是在于沟通不够。为防止受访人出现抵触情绪，可先用非正式访问沟通感情。

5. 其他

访问过程中访问者需避免高高在上的态度，应营造平等、礼貌且富有人情味的访问氛围，用词客观简练。在受访人无法应答时，可采取提供相关信息的方式帮助其回答。当访问对象的回答是简单的“是”或“不是”时，要能够适当地进一步追问，以达到访问目的。

四、“访问调查”报告撰写

（一）格式要求

1. 题目

简要、明确，准确表达报告的主要内容，一般不超过22字。

2. 项目简介

简要介绍本次访问的相关背景、时间、地点、人员组成等情况，实践单位或部门的概况及发展情况，通过访问所要达到的目标等。

3. 访问策划

明确访问主题、对象及各项安排，包括访问方式、脚本、各阶段计划以及团队成员分工等。策划应具体可行。

4．访问实录

尽可能还原访问全部过程，如实记录各方问答内容。

5．访问心得

回顾访问，分析访问过程的收获与不足；围绕课程学习主题，依据访问实际总结访问成果；结合访问成果与思政课堂所学，分享自身感受与体会，也可以总结问题、分析成因并提出对策。

（二）访问心得报告

相对灵活的访问心得报告在撰写上没有固定的格式要求，但一般包括三部分：第一，对访问调查简要介绍，包括访问主题、目的、对象及内容等。第二，对访问过程进行总结与分析。一方面可回顾访问中的精彩片段，另一方面应对访问成果进行总体的归纳，分析问题及成因，得出基本结论。第三，结合结论联系社会实际和自身感受提出一定的建议、对策，呼应访问目的并对访问主题进行适当升华。

第二节　“访问调查”实践教学示范教案

示范教案：走近人工智能，寻访时代新人

一、教案名称

访问调查：走近人工智能，寻访时代新人。

二、教学目标

①通过带领学生参观滨海中关村科技园，了解中关村科技园的发展过程、现有成果和未来展望，帮助大学生更好地认识我们所处的新时代，感受科技的进步和国家的强大，激发大学生的国家认同。

②通过与园区营运工作者、企业家和科技研发人员展开交流，以团结奋斗的拼搏精神、以改革创新的科技成果、以未来亟需的努力方向，激发大学生的历史使命感，使他们自觉争做有理想有本领有担当的时代新人。

三、教学重点与难点

1. 教学重点

了解我们所处的社会主义新时代的进步与努力方向；将时代发展需要与个人使命担当联系到一起。

2. 教学难点

将时代发展需要与个人使命担当联系到一起。

四、教学方案

（一）教学思路

①认识我们所处的社会主义新时代——带领学生在滨海中关村科技园协同创新展示中心实地参观，并与滨海中关村园区营运工作者进行互动问答。

②感受时代对于建设者所提出的要求——现场与中关村科技园的企业家和科技研发人员展开互动交流。

③时代新人要以民族复兴为己任——教师总结。

通过组织实地参观，引导访问互动，教师现场授课总结，力求让学生在听、看、思考、参与的学习过程中，对学习主题有清晰的认识和把握，加深学生对本节课重难点内容的理解掌握。

（二）教学指导

1. 参观阶段

【任务驱动】

①确定访问主题，围绕主题提出访问的具体要求。②将参与同学分成若干小组，确定组长和成员，指导教师提出指导性意见，明确访问方案及分工。③在教师引导下，各小组按照分组及每个人的具体分工在实践基地展开有计划的访问，充分发挥自主性。

【教师调控】

前期准备：①对应思政课理论教学章节确定实践基地及访问主题。②做好实践基地和访问主题的相关介绍及讲解。③组织学生分组并制订访问方案，引导组内分工、材料收集。

现场指导：根据访问方案把握教学节奏与走向，使整个教学过程符合访问主题的要求，以实现教学目的。

【学生反馈】

前期准备：①了解访问基地基本情况，理解访问主题和要求。②根据指导教师的要求自由结组与分工，并根据主题查阅收集相关材料。

参观访问：遵守纪律，认真聆听、记录，积极提问。

【教学实录】

一、滨海中关村科技园协同创新展示中心实地参观及互动问答

沿着习近平总书记2019年2月份视察中关村科技园的足迹，师生一道参观了科技园展示厅，感受京津冀一体化协同发展背景下一系列代表中国最先进水平的科技成果。从中关村建立过程到营运特点及优势，从天河系列超级计算机到我国自主研发的飞腾、麒麟芯片，从自动化精准农业灌溉系统到可应用于军事打击的无人机集群控制技术，学生们认真地聆听讲解，仔细做好笔录和拍摄，并与讲解员互动交流。

教师引导Q：中关村科技园引入的北京企业大多是法人实体还是分支机构？

A：一开始以分支机构为主，慢慢地也进入不少实体企业，关键在于通过引入带动本地企业发展，现在已初见成效。

学生Q：中关村科技园是否与高校有具体合作？

A：中关村科技园是一个技术平台，为有合作意向的各方提供环境，并不直接参与投资项目。

学生Q：中关村科技园如何支持创业？

A：除了各种优惠政策与待遇，中关村科技园最主要的是为创业者营造一个不怕失败的良好创业氛围，这也是中关村精神。鼓励创新，勇于面对失败，才能真正产生成果。

…………

小结：推动京津冀协同发展是一项重大的国家战略，它体现了我国经济发展着力于结构优化的转变趋势，也从另一个侧面表明了我国作为世界第二大经济体所面临的机遇和挑战，而这就是我们所处新时代的真实写照。从课本到实际，从抽象到具体，

中关村展示中心的各项成果以及讲解员的讲解能够弥补单纯理论阐释和文字表述的不足，更富有直观的冲击力和感染力。同学们很快就能够在参观的过程中被一项项自主高科技成果及其背后的故事所震撼，引发对所处新时代的各种思考和认同。

在这一过程中，指导教师适当穿针引线，在重要节点联系教材内容，引导提问，从学生普遍感兴趣的人工智能这一领域入手，通过参观这一环节抓住学生、激发学生兴趣，为第二环节与企业家及工程师等具体人物交流做好“预热”和铺垫。

【教学意图】

帮助学生在近距离了解我国科技自主创新领域各项成果的过程中，直观体会、感受祖国的强大、时代的进步以及我们仍需努力的方向，客观认识我们所处的社会主义新时代。

2. 访问阶段

【任务驱动】

根据事先汇总的问题，各组代表现场与企业家和工程师等具体人物互动交流。各组其他成员负责以多种方式记录交流过程，指导教师主持交流。

【教师调控】

前期准备：根据寻访主题指导各组学生汇总问题。

现场指导：做好引导，根据访问方案把握教学节奏与走向，使现场交流符合寻访主题的要求，以实现教学目的。

【学生反馈】

前期准备：紧扣寻访主题收集相关资料，在教师指导下形成自己关注的各类问题。

现场访问：遵守纪律，积极提问，认真聆听、记录，活跃有序。

【教学实录】

二、与滨海中关村科技园的企业家和科技研发人员展开互动交流

由中关村科技园运营公司组织，师生与园区优秀企业家、工程师就“人工智能是否会危及人类安全”“人工智能发展水平与走势”“中美贸易摩擦对我国人工智能发展的影响”“企业创新创业所面临的难题”“学习与实践的重要性”“企业对996工作制的看法”进行深入交流。（以下为部分访问实录）

Q：请问尹总，机器人的发展是高度化的，那我们理想情况下的高度是一个怎样的高度？或者说会不会对人类造成威胁？

A：卡雷尔机器人发展的目标就是人工智能的安全，因为卡雷尔机器人目前已经销售到我国13个省市，有一定的覆盖量，到了这种覆盖量的时候，我们首先考虑的就是安全。当然，安全包括传统意义上的信息安全还有人工智能安全。人工智能安全在科幻小说上有三个定律，机器人不能伤害人类、机器人不能漠视人被伤害、机器人在满足前两个前提的条件下尽可能保护自己。还有一个是人工智能的高度，简单来说，其实我们人类是很懒的，我们希望机器人做所有的东西，你就用这个方式想就行了。

Q：那会不会造成失业的问题？

A：这个不会，它算是一个升级。比如说我们现在卖到展厅、展馆、博物馆，它做导览。在大段的标准的讲解上使用机器人，灵活的问题还是要人来回答，所以是把整个服务做了一个规划的。

Q：近期的中美贸易摩擦您认为对人工智能的发展、您的企业有何影响？

A：大格局的变化一定会影响到这个时代的每个个体，谁也不可能脱离这个时代和环境。从不好的方面来说，一部分技术链条和销售渠道被切断，从好的方面来说，倒逼我们尽快开辟和加大力度推进自主科技研发，所以总是利弊共存的。如果处理得当，紧跟国家方针政策，再加以不断努力，虽然会经历一段艰辛，但我认为结果是利大于弊的。

Q：您认为应届毕业生的知识储备在工作中能起到关键作用吗？

A：无论是应届毕业生还是工作了两到三年的人在工作中都会发现他们对一些基础知识掌握得不是很牢固。因而对于你们而言，应该把基础搞好，这是将来进一步发展的基石，把一些基础技术转变为知识和能力。

Q：在研发过程中会有哪些困难？您是如何解决的？

A：在研发过程中，我们主要有两方面问题：一个是它的技术储备，一个是最尖端的技术支持和相关的信息收集。由于目前企业发展在国内，中国的商务机器人应用方面起步较晚，尖端型技术方面存在一定限制，需要我们去努力突破，在技术研发方面不断探索。总的来说，困难存在于我们如何在现有基础上更进一步的发展方向。在研发过程中，我们进行了大量的测试以及收集大量国内外最新的技术发展动态，在此基础上，召集更多人力物力，不断尝试，共同解决困难。

Q：请问您对于最近比较火热的话题，也是我们在座各位大学生即将面临的，关于996工作制的问题有什么看法呢？

A：这一点呢，我们创始人是007，每周工作七天。至于996，从我们做技术开始，其实我们基本上都是这样子的，包括以前工作的一些单位呀，9点前下班，我觉得是不好意思走出去的，这个不是危言耸听，包括在北京的公司也是一样，七点半下来吃晚饭，吃完饭之后回去再干一个多小时是很正常的一件事。其实，后面的想赶上前面的，你能做什么呢，只有用你的汗水，去追求更多的成绩。我不太赞同现在反对996的声音（不好意思，我也不是说我是创业或者说我是老板就这样说）。你就得花时间，花工夫赶超上去。西方在这方面的优势是很明显的，美国我也待过，每周到了周五就好了，跟着一帮人出去玩儿了，如果你跟他们是一样的，你要怎么赶上去呢？我是这么理解这件事情的，年轻的时候多干一点没有坏处，干了都是你自己的，可能你们觉得我多干两个小时——尤其你们现在还没工作呢，也许有这种心理，我多干点事是给企业的，我打工的时候我从没这样想过，我干了就是我自己的，因为我的经验是在我脑子里的，我供应给企业的是我的产出物，但产出物已经是过去式了。当然大家也听说有过加班猝死的，这个主要还是处理不平衡导致的吧。大学生刚毕业，我觉得还是要多做一些，多学习一些，如果你一年干了别人一年半的事情，那么无形中你的这个职业生涯又加快了半年，这是我的理解，谢谢。

…………

小结：每一代青年都要面对和回答时代的问卷，因为时代终究是人缔造的。在透过人工智能的角度去认识我们所处的中国特色社会主义新时代时，一定会思考一个问题，那就是，我们在这个时代中究竟扮演什么角色。在与创业者和先行者们的交流中，学生会逐渐清晰地勾勒出自己的角色扮演和定位，反思自己的前进方向和肩上的使命。

社会大课堂所带给学生的教化和感悟在教师的引导下层层渗透，学生由事先准备提问到现场即兴提问，反映了其思考的深入和活跃，学生主体性得以充分发挥。在此基础之上，教师应当“趁热打铁”进行最后教学重难点的总结与升华。

【教学意图】

通过引导学生与滨海中关村科技园的企业家和科技研发人员进行现场互动交流，促进他们在一问一答的过程中感悟时代发展与个人成长的紧密联系，反思时代对于每一个建设者所提出的要求，正视自身所肩负的历史使命。

3. 访问总结

【任务驱动】

教师进行现场授课，总结访问成果，升华教学主题，布置作业。

【教师调控】

结合之前参观、互动两个环节的教学意图和现场亮点，导入3个问题，以加深学生对本次教学主题的认识及对重难点问题的理解。

在社会大课堂为学生进行了一定程度答疑解惑的基础之上进一步画龙点睛，突出教学主旨，将理论性与实践性、显性教育与隐性教育有机地结合起来。

这里特别要注意：以问题导入为骨架，以参观交流的“新鲜”内容为血肉，帮助学生塑造立体鲜活的“主体”意识。

【学生反馈】

随着教师的引导，在每个提问中思考并与教师互动。在这一过程中自发产生共鸣、自主生成认同，最终自觉实现教学目的。

【教学实录】

三、总结

通过三个问题的思考，回顾、总结在滨海中关村科技园的宝贵访问学习。由“人工智能”三问导入。

1. 什么是人工智能？

——时代关键词

2. 人工智能给我们的时代带来了什么？

——总结认识新时代

3. 人工智能给这个时代里的我们带来了什么？

——总结正视自己的使命

1. 什么是人工智能

如果你去百度词条，他的回答是：人工智能（artificial lntelligence），英文缩写为 AI。它是研究、开发用于模拟、延伸和扩展人的智能的理论、方法、技术及应用系统的一门新的技术科学。这是一项基于人的需要和人的智慧而衍生出来的，预期更高的技术科学。

今天，我们有了这样一个难得的机会去亲身接触、实地感受各种人工智能的产品，并和专业人士做了面对面的交流，想必大家对于人工智能的理解会更加直观、具体。(举例)

教师 Q：结合我们今天的所见所感，请你用一句话去概括、提炼你心中的人工智能。

学生 A：人工智能就是使机器人能够更好地服务于人类。

学生 B：用人的技巧造出来的有益于人类的高级科技工具。

点评归纳：人工智能的核心是模仿和创造。

人工智能是模仿。李开复先生曾说道，大数据加深度学习等于人工智能。什么是大数据？在这个信息化时代，人类一切生产生活创造所产生的数据，这是大数据。(举例) 而深度学习，指计算机科学家通过程序设计，让计算机可以通过程序实现对这些大数据的不断学习。人工智能可以比喻为能够日日夜夜毫不间断地学习庞大的数据的程序。通过深度学习，程序完全可以胜任各个领域通过简单重复单一的方式可以完成的工作。

人工智能也是创造。从 1997 年人机对弈中打败了世界排名第一的国际象棋选手的超级计算机“深蓝”，到 2016 年打败了世界排名第一的围棋选手的 Alpha go，这标志着人工智能蕴含着从模仿走向创造的巨大潜力。

当然，无论是模仿还是创造，人工智能的发展都始终伴随着挑战和风险，这也是所有事物发展的必然规律，符合马克思主义的唯物辩证观。

小结：人工智能是我们这个时代的产物，同时也日益成为新时代的重要标志与关键词，这个标志及关键词正在与我们每一个人的生活、工作和发展产生日渐深厚的紧密联系。试想，假如离开了我们身边的人工智能，你会如何？（互动、举例、即兴表演）

2. 人工智能给我们的时代带来了什么？

大家稍加留意就会发现，这些年人工智能在我国乃至全球都是一个“高频词”。国际人工智能与教育大会2019年5月16日在北京召开，国家主席习近平向大会致贺信。

习近平总书记指出，人工智能是引领新一轮科技革命和产业变革的重要驱动力，正深刻改变着人们的生产、生活、学习方式，推动人类社会迎来人机协同、跨界融合、共创分享的智能时代。

第二届世界智能大会在天津梅江会展中心举行。这次大会的主题：智能时代——新进展、新趋势、新举措。信息化经过了数字化、网络化阶段，必然进入智能化阶段。“不管你愿不愿意，这是一个历史进程。”南开大学的人工智能专家龚克教授这样说道：“机器人可能会成为今后人类社会空间与网络空间及物理空间的接口。”

刚才我们也曾讨论到，假如离开了我们身边的人工智能，我们的生活会如何？那么，人工智能究竟给我们的时代带来了什么？（互动）人工智能正在不断地重塑我们的社会生活、经济结构，人类的进步必然会得益于它的发展，但人类也即将面临人工智能发展所带来的人类职业角色转换等一系列问题。（正反举例）

因此，在符合社会发展规律的前提下推进人工智能技术的进步，把握好人工智能的社会属性，完善和制定一套伦理及法律准则对其进行必要约束，这是我们这个时代的重要任务。

小结：由人工智能所带来的时代任务，展开逆向思考，我们如何这样来描绘我们今天所处的“新时代”？（互动）

①经济（以京津冀协同发展为路径之一推进结构优化，从“有没有”到“好不好”）。

②政治（内：以人民为中心，坚持中国共产党的领导；外：人类命运共同体）。

③文化（“一带一路”发展为路径和表现之一，构建话语体系、制定行业标准，文化自信）。

3. 人工智能给这个时代的我们带来了什么？

人工智能的发展要求身处新时代的我们必须要重新思考人生的意义。

未来人工智能的发展势必会取代不需要创造性思考、综合分析决策就能完成的重复性工作，进而解放大量的劳动力。那么，什么才是不可取代的？答案是作为人的独特性，作为人对世界的好奇心，作为人对世界真善美的感知感悟，作为人以其独特的方式解读世界、改变世界的权利和能力。刚才互动环节中创业者对于拼搏的描述告诉我们，人的理想信念的驱动力、人的精神力量以及由此所创造的社会价值是难以被估量和复制的，这是我们人类应当珍视并引以为傲的。

小结：以人工智能所引发的关于人生意义的反思，进一步展开思考，我们如何看待新时代对大学生的要求？（互动）

①青年与国家。

②信念、才干、担当。

③思想道德素质与法治素养。

人工智能的到来是对每一个主体真正回归生命意义本真的最好激励。人工智能的发展，让我们在中国特色社会主义的新时代能够重新思考生命的意义。希望每一个大学生，在人工智能飞速发展的今天，在以实现中华民族伟大复兴为使命的今天，以有理想、有本领、有担当为根本要求，夯实综合素质基础，提升思想道德素质和法治素养，成为走在时代前列的奋进者、开拓者和奉献者。愿每一个追梦人都能在这样的时代，找到更好的自己。

【教学意图】

通过最后的总结帮助学生从人工智能的视角客观认识中国特色社会主义新时代，了解时代给每个人所创造的平台和对每个想在这个平台上有所收获的人所提出的要求。使学生意识到：作为这个时代里的青年，在享受国家强大所带来的和平发展的同时，也必须承担应有的责任，只有以民族复兴为己任，方能真正实现人生价值。

（三）教学评价

学生应根据教师指导组成不超过5人的访问小组，访问小组分工协作，对参观、互动和实地授课中所采集的素材在课后进一步加工整理。在“走近人工智能，寻访时代新人”主题之下自拟小题目，完成访问调查报告书并制作10分钟的访问调查视频，在此基础之上可以创作3分钟的微课作品。准备精心充分，现场积极提问，后期视频制作编辑流畅，主题明确有新意，访问报告文字撰写符合要求并有一定深度者，经展示及答辩可获评“优秀”。

第三节 “访问调查”实践教学成果范例

成果范例：走近人工智能，寻访时代新人

“思想政治理论课综合实践”课程“访问调查”报告书

学习时间	2019 年 3 月 1 日至 2019 年 5 月 25 日				
项目名称	走近人工智能，寻访时代新人				
项目类型	□教育类 □社会治理类 □医疗卫生类 □就业类 ☑其他				
人员分工	姓　名	学号	联系电话	项目分工	贡献率
	×××			组长、现场提问	
	×××			现场记录	
	×××			全程跟拍	
	×××			全程跟拍	
	×××			现场提问	

项目简介（300 字以内，简述学习目标、调查对象和调查内容）

学习目标：为提高同学们的创新创业能力，拓展思维方式以及进一步了解人工智能，本次我们走进天津市滨海新区中关村，寻找“时代先锋”，通过优秀的企业家、创业家的讲解和答疑，涉及核心技术、创业经验、实践规划等多领域，让同学们掌握更多的关于未来的人工智能方向的专业知识。

访问对象：中关村科技园负责人李总、卡雷尔机器人公司 CEO 尹总、卡雷尔机器人公司技术负责总监李总、科芯物联网工程师刘总。

访问内容：现阶段人工智能方面需要什么样的核心技术和专业型人才；在创业过程中遇到的困难与困境，以及解决方式；大学生在专业课与实践之间应该如何做到最好的平衡；未来数字分析会朝什么方向发展和现阶段的规划目标；结合人生观人生价值，思考在人工智能时代的人生意义。

访问策划

2019 年 4 月 25 日下午，第二届“一带一路”国际合作高峰论坛“数字丝绸之路”分论坛在北京国家会议中心举行。本次论坛围绕数字技术创新、数字基础设施建设、网络空间治理、数字经济合作等展开系列讨论。在人工智能日新月异的今天，我们应该如何看待人工智能？人工智能与我们有怎样的联系？作为青年一代，我们对未来应该有怎样的规划？我们计划向时代新人寻求解答。

一、确定访问地点、对象、主题等内容

“走近人工智能，寻访时代新人”，在滨海新区中关村对先进企业家进行访问。

二、准备和整理访问内容

1. 人工智能这个行业，您觉得未来有可能在哪些方面创新？

2. 您能否给我们介绍一些人工智能机器人取得的最新成果，除了像生物识别这样的可以与人工智能应用联系的，还有哪些方面是作为生物领域的学生可以发展的方向呢？

3. 我们是怎么和别的国家或者公司的人工智能进行竞争的呢？我们的优势在哪里？

4. 为什么您会选择天津滨海新区作为卡雷尔机器人有限公司分公司的“落脚点”呢？是怎么做到在这么短时间内取得这些成果的呢？

5. 现阶段更希望引进哪一方面的人才，搭建的服务平台具体体现了什么功能？

续表

6. 您认为大学生立足自身应该如何培养创新的思维能力，推动人工智能的发展进步？ 三、确定人员安排 现场提问：××× 全程跟拍：××× 现场记录：××× 四、梳理访问流程 参观滨海中关村科技园，聆听讲解员详细讲解—参加主题分享大会，进行互动沙龙—指导老师进行实践总结。 五、访问后期资料整理 视频剪辑及效果处理：××× 整理实践报告：×××
访问记录
访问地点：天津市滨海新区中关村科技园 访问时间：2019 年 5 月 21 日 访问者：××× 访问对象：中关村科技园负责人李总 ×××：请问目前中关村科技园和高等院校有没有一些具体的合作项目？ 李　总：目前，我们中关村自己不做具体项目，我们是做园区，把这个地方带动起来。也就是说去投资、去研究、发明创造这些不是我们中关村做的事，我们中关村做的事就是要构建创新生态，让适宜的种子在适宜的环境里开花结果，也就是说我们这个地方就是土壤，要把这个土壤做好做肥沃，能把企业引进来让它成长，这是我们要做的。至于你说的和高等院校合作，做具体项目，我们有合作，我们合作做什么呢？我们要把这些资源对接给企业，企业需要技术渠道，包括天津科技大学，都是合作方。去年 3 月份，我们就有公司专门去拜访天津科技大学，当时韩书记、路校长专门对接了这个事。而且，乔长晟教授做的项目一直就在这儿。咱们园区里面也有很多实验室，这个是高校和投资方借助我们这个平台建立的。当然，我们的合作更多的不是去具体用人，而是用技术来对接咱们企业。企业需求的那些技术，我们没有，我们能去给它找。 访问者：××× 访问对象：卡雷尔机器人公司 CEO 尹总 ×××：请问您对于最近比较火热的话题，也是我们在座各位大学生即将面临的，关于 996 工作制的问题有什么看法呢？ 尹　总：这一点呢，我们创始人是 007，每周工作七天。至于 996，从我们做技术开始，其实我们基本上都是这样子的，包括以前工作的一些单位呀，9 点前下班，我觉得是不好意思走出去的，这个不是危言耸听，包括在北京的公司也是一样，七点半下来吃晚饭，吃完饭之后回去再干一个多小时是很正常的一件事。其实，后面的想赶上前面的，你能做什么呢，只有用你的汗水，去追求更多的成绩。我不太赞同现在反对 996 的声音（不好意思，我也不是说我是创业或者说我是老板就这样说）。你就得花时间，花工夫赶超上去。西方在这方面的优势是很明显的，美国我也待过，每周工作到周五就好了，跟着一帮人出去玩儿了，如果你跟他们是一样的，你要怎么赶上去呢？我是这么理解这件事情的，年轻的时候多干一点没有坏处，干了都是你自己的。可能你们觉得我多干两个小时——尤其你们现在还没工作呢，也许有这种心理，我多干点事是给企业的。我打工的时候从没这样想过，我干了就是我自己的，因为我的经验是在我脑子里的，我供应给企业的是我的产出物，但产出物已经是过去式了。当然大家也听说有过加班猝死的，这个主要还是处理不平衡导致的吧。大学生刚毕业，我觉得还是要多做一些，多学习一些，如果你一年干了别人一年半的事情，那么无形中你的这个职业生涯又加快了半年，这是我的理解，谢谢。

续表

<table>
<tr><td>

×××：我们注意到近期美国对华为做出了一系列制裁措施，请问我们机器人行业在应对这方面问题时有没有未雨绸缪采取一些措施？

尹　总：其实，未雨绸缪还是要做的，包括目前的华为。今天早上还是昨天，谷歌又启动了对华为安卓系统的制裁，这个影响肯定是会有的。许多人说技术是没有国界的，但现实让你看到了国界。

访问者：×××

采访对象：卡雷尔机器人公司技术负责总监李总

×××：您觉得现阶段机器人的研发需要什么样的技术型人才？需要熟知哪方面的技术？

李　总：机器人的产品是多学科的交叉的产物，它其实涉及很多技术。简单来说，机器人的硬件注重机械结构设计，比如说我们的服务型机器人，其实需要的技术型人才是很多的，从外观设计到结构设计以及硬件软件的设计，很多相关技术都有涉及。

×××：您认为应届毕业生的知识储备在工作中能起到关键作用吗？

李　总：其实不光是应届毕业生，即使是工作了两到三年的人，他们对一些基础知识的掌握都也不是很牢固。对于毕业生而言，应该把基础搞好，这是将来进一步发展的基石，把一些基础技术转变为知识。

访问者：×××

采访对象：科芯物联网工程师刘总

×××：如果我们就业的话，对专业有什么样的要求？

刘　总：做技术的，思维一定要开阔，千万不要局限于某一点或某一方面的技术，要不然这样会对你未来的发展有很大的限制，还有就是你要选择一个核心的方向来作为发展的目标。以后你会逐渐发现，你想要做大而全的话，你会很累，并且你的时间精力都是不够的。

×××：从 IT 到 DT 时代的转变，比方说 IT，我们可以用微信跟朋友聊天，用淘宝购物，大大方便了我们的生活，但是 DT 就是数据，它究竟能给我们带来什么？或者说怎么方便我们的生活？

刘　总：数据分析，它不止应用于这一个方面。我们需要大量的数据分析，比如说现在的医疗基本都是基于数据的分析推出来的。比如说人脸识别，对脸部进行数据分析去帮助你去解决一些问题，再比如百度做的自动驾驶汽车，其实就是做数据的分析，对你身边的所有环境的数据进行综合的分析，构成一个不能说百分之百正确，但大概正确的数据，提供一个综合的结果。

</td></tr>
<tr><td>访问心得</td></tr>
<tr><td>

这次实践活动的主题：走近人工智能，寻访时代新人。我们访问了卡雷尔机器人公司的 CEO 尹总、技术负责总监李总和科芯物联网工程师刘总。在整个访问过程中，主要围绕什么是人工智能、人工智能给我们这个时代带来了什么、人工智能给我们这个时代里的我们带来了什么等。

访问期间，我们聊到了最近比较热门的话题，华为事件及中美贸易摩擦。通过此次访问交流，我们深刻地意识到当今时代是科技时代，明白了科技自立对一个国家及民族的重要性。科学研究已成为国家的一种重要战略资源，“科学技术是第一生产力”这句话充分阐释了科学技术对一个国家一个民族的重要性。其实，人类发展史就是一部科技创新史，每一次科技的重大进步标志着一个新时代的到来。蒸汽机的发明让人类步入了蒸汽时代，电脑的普及则标志着人们步入了信息时代。科技的进步给人类带来的是经济的发展、生活水平的提高，乃至整个社会的进步。汉唐时期，因为科技的领先地位，中国是当时的第一强国，四大发明的诞生更是让中国领先世界上千年。然而，也正是因为科技的落后带来了黑暗的近代史，还是因为科技进步，现代中国再次成为世界强国。

</td></tr>
</table>

续表

<table>
<tr><td colspan="2">聊完华为事件以及中美贸易摩擦，我们明白了以下两点道理：一是一定要居安思危。备用方案的启用，显示出华为居安思危的战略远见，未雨绸缪的底线思维。佩服华为在十多年前就设想会出现“极端情形”的远见，所谓“为之于未有，治之于未乱”，企业要谋长远发展，就必须居安思危，对自身的短板要有清醒的认知，切不可被一时、一地、一事上的成功遮蔽了眼睛。如果只顾眼前，缺乏布局未来的自觉和行动，等到“胎坏了”才考虑，恐怕就连生存都成了问题。对我们个人亦是如此。二是科技与国家利益具有内在统一性。科技与国家利益都负载政治性。将技术研发与国家目标、国家利益联系起来，是人们对技术作用和功能认识不断深化的结果。众所周知，即将全面到来的是大数据的时代。未来十年，风头最劲的公司一定是掌握大数据的公司，发展最好的国家一定是最善于利用大数据的国家。所以，大学生作为祖国的未来的建设者要努力掌握科技。
在这个时代里，人工智能带来的是人机协同、跨界融合、共创分享，这是时代发展的必然趋势。人工智能解放了我们的双手，但这绝不意味着丢掉我们饭碗。我们之所以不会被人工智能取代，是因为我们每个人都是独一无二的。人类具有认识世界、改造世界、感知情感的能力。未来，机器人可能比我们聪明很多，我们可以让它去解决问题，但是如果人类不告诉它，它是不知道解决什么问题的。所以，我们对待人工智能，应该如同工业时代衍生的机器一样，把它当作辅佐人类社会进步发展的工具，如何使用人工智能完全取决于人类，这也正是作为青年一代的我们应该去思考的问题。因此，在人工智能时代里，我们应当扩大我们的独特之处，运用先进前沿的知识和工具，去解决我们所面临的问题，在解决问题中，创造价值，实现人生价值。</td></tr>
<tr><td>考核评价</td><td>☑优秀　□良好　□中等　□及格　□不及格</td></tr>
</table>

第六章

基于意义学习的“虚拟社会实践”实践教学

意义学习是一种通过理解所学材料的意义而进行的学习，在运用有关知识经验的基础上把握事物内在、本质的联系，达到理解事物的目的。即如美国心理学家奥苏伯尔所言，意义学习就是学习者将符号代表的新知识与认知结构中已有的相应的观念建立起实质性的和非人为的联系。

第一节 “虚拟社会实践”实践教学技术路线

作为“思想政治理论课综合实践”课程的“个性化学习”项目，“虚拟社会实践”主要是指紧扣课程学习主题，通过对互联网上纷繁复杂的信息材料、图书杂志等图文资料进行搜集、分析、加工和处理而形成蕴涵某种意义的作品，同时让学生在学习过程中学会搜集、辨识信息，学会团队合作，提升信息意识、信息能力，并接受精神洗礼。

一、“虚拟社会实践”的定义

随着媒介化生存时代的到来，教与学双方的生存方式和活动方式也越来越习惯于网络虚拟社会，这种变化改变了人与客观世界之间的联结关系。过去，大学生们在思想政治理论课教师的引导下深入现实社会就可以获得尽可能多的成长经验。现在，以大众媒介为中心的现代社会变得越来越巨大和复杂化，无论是大学生还是思想政治理论课教师都不得不主要借助于大众传媒了解身外世界。很显然，伴随着人类认知渠道和生存空间延伸至网络虚拟社会，实践教学场域已经不能再局限于现实社会了，而是应该开放自己的疆域，作出符合当代大学生认知规律和特点的思想政治理论课实践教学设计与实践活动，即“虚拟社会实践”教学。

（一）何谓“虚拟社会实践”

所谓虚拟社会实践，是指主体在虚拟空间使用数字化中介手段有目的、有意识地进行一切能动而现实地改造和探索虚拟客体的实践活动，是前数字化时代人类虚拟活动和实践活动的进一步发展、延伸和升华。这个界定包含着如下含义：一是这种实践活动的实际场所，不是由原子所构成的物质空间，而是由数字信息所构成的赛博空间。二是这种实践活动的主体不是单纯的人类主体，而是由人和计算机所共同组成的人—机主体。三是这种实践活动的现实客体，不是直接的物理客体或精神客体，而是由既非物质、也非能量、也非精神的“bit”所构成的信息客体。

（二）“虚拟社会实践”的基本形式

运用数字化技术在虚拟空间中人们可以从事多种多样的实践活动，一些在现实社会中由于客观条件的限制而不能去从事的实践活动，在虚拟空间中却可以进行，而且可以帮助参与者提高社会实践能力、降低社会实践成本、减少社会实践风险。同时，虚拟社会实践还可以为真实社会实践活动提供前期探索和测试的场景，为真实社会实践活动提供参考和指导。

（三）“虚拟社会实践”的教师和学生

实践教学是一种基于实践的教育理念和教学活动。随着信息科学技术的发展，人类社会的实践活动获得了巨大的跃迁，虚拟实践的生成，无疑成为人类实践的崭新形态。随着社会的不断发展变化，推进大学生社会实践活动的不断创新就成为当务之急。数字化虚拟社会实践使人类实践形式发生了重要变革和跃进，不再是远离人类生存的外在技术形态，成为人们的生活和实践的方式。虚拟社会作为大学生在校生活和活动的重要部分，从根本上促动着大学生社会实践向虚拟形态转变。因此，有必要对大学生虚拟社会实践的相关问题进行深入研究。

二、“虚拟社会实践”的教学过程

（一）确定学习任务和项目“课题”

“虚拟社会实践”，不是独立于课程之外，而是与其他学习项目紧密相连，服务于课程学习主题，达成课程教学目标。因此，结合课程学习主题，师生必须首先明确“虚拟社会实践”项目的学习任务和项目“课题”，例如创作一份主题电子杂志、电子宣传画册、拍摄一部主题微电影等。

（二）组建学习共同体

在确定学习任务和项目“课题”之后，指导教师要组织学生根据某个标准，或以室友为标准，或以志趣相投为标准，或以能力互补为标准，或以其他标准，以学生个人或团队形式组建学习共同体，指导教师应是每个学习共同体的成员。

（三）学生参与实践

各学习共同体深入大众传媒营造的虚拟社会和现实社会，搜集、加工和整理与项目“课题”相关的信息资料，并探索按照一定逻辑形式集成学习成果。

（四）讨论和总结

在整个实践过程中，教师和学生都需要一起进行讨论和总结。指导教师要帮助学习共同体把握前进方向和规范化实践，明确指导实践中存在的问题和不足。学生要积极主动与指导教师沟通，不断改进与提高学习成果质量，并总结实践经验教训，以便在下一次实践中取得更好的效果。

三、基于 FLBOOK 平台的电子杂志的制作

（一）注册与登录

1. 进入官网

教师和学生可以 PC 端搜索“FLBOOK”进入官网，也可以浏览器输入网址“flbook. com. cn”进入官网，使用“3D 仿真翻页电子杂志在线制作平台”制作电子宣传画册、电子杂志等。

图 6－1 3D 仿真翻页电子杂志在线制作平台

2. 登录

访问平台时，可以使用微信或 QQ 扫码注册或登录。

图 6－2 “3D 仿真翻页电子杂志在线制作平台”微信访问页面

图 6－3 “3D 仿真翻页电子杂志在线制作平台”QQ 访问页面

（二）创建作品

“3D仿真翻页电子杂志在线制作平台”支持空白页创建、套用模板创建、上传PDF创建、上传图片创建等四种创建方式。

1. 空白页创建

像PPT一样，新建一个空白作品，插入文字、图片、动画、音频、视频、链接等自由编辑。适合电脑基础好的设计师使用。

2. 套用模板创建

可以在模板基础上进行修改和编辑，制作出更佳的效果。适合新手使用。

3. 上传PDF创建

上传PDF一键转换为H5电子书刊，方便快捷。适合有设计好的PDF的情况。

4. 上传图片创建

上传图片页面一键转换为H5电子书刊，方便快捷。适合有设计好的图片页面。

图6-4 “3D仿真翻页电子杂志在线制作平台”创建作品页面

（三）发布作品

作品制作完成后，点击右上角的发布与导出按钮，填写作品信息即可发布最终成品。做好的样本册，可以自动生成二维码链接，可以一键分享到朋友圈、微博等，并且支持网页版、微信版、小程序在线浏览观看，还可以把成品交付平台或自主下载打印装订做成纸质版作品。

（四）分享作品

支持微信分享、微博分享、钉钉分享、小程序分享、公众号嵌入、网站嵌入等。

图 6 –5 “3D 仿真翻页电子杂志在线制作平台”分享作品页面

第二节 “虚拟社会实践”实践教学示范教案

示范教案：致敬，共和国功勋

一、教案名称

虚拟社会实践：“致敬，共和国功勋”。

二、教学目标

1. 认知目标

了解共和国功勋人物的事迹和贡献，理解他们为国家和人民所作出的巨大牺牲和无私奉献。培养学生的历史责任感和使命感，增强对国家和民族的认同感和自豪感。

2. 能力目标

通过收集、整理、分析共和国功勋人物的相关资料，培养学生的信息获取和处理能力。通过小组讨论、角色扮演、故事讲述等活动，提高学生的团队合作能力和口头表达能力。

3. 情感目标

激发学生对共和国功勋人物的敬仰之情，培养他们的爱国情感和奉献精神。引导学生树立正确的历史观、民族观、国家观，增强他们的民族自信心和自尊心。

三、教学重点与难点

1. 教学重点

引导学生了解和收集整理电视剧《功勋》人物的事迹和贡献，如“共和国勋章”获得者于敏、孙家栋、黄旭华、袁隆平等，分析他们的事迹，重点讲解他们为国家和人民作出的重大贡献，以及他们身上所体现出的忠诚、执着、朴实等精神品质。指导学生运用“3D 仿真翻页电子杂志在线制作平台”制作电子杂志。

2. 教学难点

引导学生分析共和国功勋人物的精神内涵，总结和归纳共和国功勋人物所共有的精神内涵，如爱国主义精神、奉献精神、科学精神、创新精神等，并分析这些精神内涵在当代社会的意义和价值，引导学生将这些精神品质内化为自己的行动准则。

四、教学方案

（一）教学思路

①围绕课程“致敬，共和国功勋”学习主题，指导学生组建团队，分组观看电视剧《功勋》，引导其了解共和国功勋人物的事迹，以及他们身上体现出的忠诚、执着、朴实等精神品质。

②向学生作“虚拟社会实践”项目的技能培训，主要内容包括“3D 仿真翻页电子杂志在线制作平台”的使用方法和技巧，以及在互联网上收集、整理和分析《功勋》相关信息的方法，并制作“致敬，共和国功勋”电子杂志，撰写提交“虚拟社会实践”报告书。

③根据“虚拟社会实践”项目的考核评价标准，指导教师对学生“虚拟社会实践”报告书评定等级，计入课程“综合评定”，同时，将优秀作品与同学们分享。

（二）教学指导

1. 任务驱动

学生个人或团队收集、整理与加工共和国功勋人物的相关信息，从人物评价、追寻“功勋”足迹、汲取“模范”力量三个方面入手分别讲述八位共和国功勋的感人事迹并分析共和国功勋人物的精神内涵，并在“3D 仿真翻页电子杂志在线制作平台”上制作“致敬，共和国功勋”电子杂志和提交“虚拟社会实践”报告书。

2. 教师指导

①明确“虚拟社会实践”是学生个人或团队学习项目，鼓励学生以团队形式开展虚拟社会实践。

②简要介绍“虚拟社会实践”项目的学习要求、学习任务和考核评价标准，指导学生观看电视剧《功勋》，各学生团队选择某一位功勋人物收集、整理与加工相关信息。

③现场讲授“3D 仿真翻页电子杂志在线制作平台”的使用方法和技巧，各学生团队从人物评价、追寻“功勋”足迹、汲取“模范”力量三个方面入手讲述共和国功勋人物的感人事迹并分析其精神内涵，制作电子杂志，如制作“致敬，共和国功勋·屠呦呦”。

④指导八个学生团队整合学习成果，共同制作“致敬，共和国功勋”电子杂志。

（三）教学评价

学生参与“虚拟社会实践”项目的学习，制作“致敬，共和国功勋”电子杂志，撰写“虚拟社会实践”报告书，以及现场学习成果展示，指导教师引导学生进一步了解共和国功勋人物，分析共和国功勋人物的精神内涵，尤其在当代社会的意义和价值，引导学生思考如何向共和国功勋人物学习，如何继承和发扬他们的精神品质，并将这些精神品质内化为自己的行动准则。

根据课程考核评价内容和标准，指导教师及时进行学生“虚拟社会实践”项目学习的等级评价。

第三节 “虚拟社会实践”实践教学成果范例

成果范例：致敬，共和国功勋

“思想政治理论课综合实践”课程“虚拟社会实践”报告书

<table>
<tr><td>学习时间</td><td colspan="5">2022 年 3 月 15 日至 2022 年 7 月 1 日</td></tr>
<tr><td>项目名称</td><td colspan="5">致敬，共和国功勋</td></tr>
<tr><td>项目类型</td><td colspan="5">☐教育类 ☑社会治理类 ☐医疗卫生类 ☐就业类 ☐其他</td></tr>
<tr><td rowspan="6">人员分工</td><td>姓 名</td><td>学号</td><td>联系电话</td><td>项目分工</td><td>贡献率</td></tr>
<tr><td>×××</td><td></td><td></td><td></td><td></td></tr>
<tr><td>×××</td><td></td><td></td><td></td><td></td></tr>
<tr><td>×××</td><td></td><td></td><td></td><td></td></tr>
<tr><td>×××</td><td></td><td></td><td></td><td></td></tr>
<tr><td>……</td><td></td><td></td><td></td><td></td></tr>
<tr><td colspan="6">项目简介（300 字以内）</td></tr>
<tr><td colspan="6">他们从艰苦的岁月走来，关联着共和国的伟大事业，与共和国一起成长，他们不负历史的使命，创下了不朽功绩。我们不禁要问，“为什么他们愿意为家国交付自己的青春，几十年如一日地坚持、奋斗与奉献?”答案在于他们的昨天今天明天，与国家的昨天今天明天，因中国共产党的昨天今天明天而紧紧地系在了一起，就像我们所崇尚的、提倡的，也是他们真正做到了的，“把小我融入大我，青春献给祖国。”
从人物评价、追寻“功勋”足迹、汲取“模范”力量三个方面入手，8 个学生团队分别讲述了 8 位共和国功勋的感人事迹，并在 FLBOOK 在线制作平台共同创作“致敬，共和国功勋”电子杂志，供我们每一位学子学习和思考，从中汲取榜样力量。</td></tr>
<tr><td colspan="6">作品展示</td></tr>
<tr><td colspan="6">
</td></tr>
</table>

续表

参考文献

［1］李延年：居功不自傲，谱写英雄赞歌［EB/OL］.［2019-09-27］. http：//mil. news. sina. com. cn/2019-09-27/doc-iicezueu8530933. shtml.

［2］李延年：踏着硝烟走来 倾余生风骨筑军魂［EB/OL］.［2019-09-20］. http：//news. cctv. com/2019/09/20/ARTI3H47r9EAUFseU5WO1JKK190920. shtml.

［3］于敏：一生都没有出过国门，土生土长的“两弹一星”元勋［EB/OL］.［2019-09-20］. https：//www. 360kuai. com/pc/9b4238fe5f5cd7185？cota=3&kuai_ so=1&sign=360_ 57c3bbd1&refer_ scene=so_ 1.

［4］于敏：惊天事业，沉默人生［EB/OL］.［2019-09-24］. https：//www. cas. cn/cm/201909/t20190924_ 4716339. shtml.

［5］张富清：“共和国勋章”获得者、时代楷模［EB/OL］.［2019-09-20］. https：//baike. so. com/doc/26862365-28195051. html.

［6］特等功臣张富清：藏功名葆本色［EB/OL］.［2019-04-09］. http：//dangjian. people. com. cn/n1/2019/0409/c117092-31019939. html.

［7］黄旭华. 隐姓埋名30年的中国核潜艇之父，未见父亲最后一面［EB/OL］.［2021-06-03］. https：//www. sohu. com/a/680527520_ 121631618.

［8］美上将表示. 若不是有这三个中国人，美国不可能如此忌惮中国［EB/OL］.［2019-09-22］. https：//www. 360kuai. com/pc/973c5693756c6f426？cota=3&kuai_ so=1&sign=360_ e39369d1&refer_ scene=so_ 54.

［9］申纪兰. 党的好女儿人民的好代表［EB/OL］.［2022-06-29］. http：//dangjian. people. com. cn/n1/2022/0629/c117092-32460138. html.

［10］申纪兰. 从田间来，又回田间去［EB/OL］.［2021-10-06］. http：//news. sohu. com/a/532101931_ 121106854.

［11］“中国卫星之父”孙家栋的传奇人生［EB/OL］.［2021-07-06］. https：//www. sohu. com/a/257526406_ 765692.

［12］孙家栋. “国家需要，我就去做”［EB/OL］.［2022-10-18］. https：//tech. cnr. cn/techzt/mxkxhr/20221018/t20221018_ 526037020. shtml.

［13］屠呦呦. 无私奉献创新药造福人类，为人低调品德高尚享誉全球［EB/OL］.［2021-08-09］. https：//www. 163. com/dy/article/H89M7T8V0543OOCY. htmlhttp：//www. mzyfz. com/.

［14］功勋模范 袁隆平团队：“禾下乘凉梦”自有后来人［EB/OL］.［2022-10-17］. http：//sc. people. com. cn/n2/2022/1017/c345460-40162497. html.

［15］袁隆平院士的两个梦想［EB/OL］.［2022-05-22］. http：//news. cnhubei. com/content/2023-05/22/content_ 15876576. html.

考核评价	☑优秀 □良好 □中等 □及格 □不及格

第七章

基于设计学习的“教学设计”实践教学

设计学习是一种新兴的学习方式，它强调通过实际设计来促进学生的学习和思考。在设计学习的过程中，学生需要完成一系列实际设计任务，以学习知识和技能，并在此基础上逐步提高自己的设计能力，并增强创新精神、系统思维、合作能力和解决问题的能力。

第一节　“教学设计”实践教学的技术路线

作为“思想政治理论课综合实践”课程的“持续改进学习”项目，“教学设计”项目旨在授权大学生成为课程的规划者和教学的架构师，在“前置性学习”项目和“个性化学习”项目学习的基础上，以“教师”角色身份，以个人或团队的形式对整门课程教学过程进行规划和安排，形成完整的教学过程设计。在本项目学习过程中，作为大学生设计学习“身边的指导者”的教师，可以从学生的设计学习成果中汲取新的教学养分，从而进一步拓展教学视野，拓宽教学思路，持续改进教学策略，开展新的教学设计与实践，让大学生最终从中受益。这也就是常言道的“教学相长”。

一、何谓“教学设计”

（一）“教学设计”的定义

任何教学活动，事先必须经过认真的考虑。每一位施教者都要依据一定的教育思想与理念，以及自己对教育、教学过程的理解，运用系统观点，以各种方式、方法对教与学的双边活动进行安排和考虑，再进行实施，直至达到预期教学目标。这种对教学活动进行的规划和安排，就是教学设计。

早在1900年，美国教育家杜威和美国心理学家桑代克就提出了教学设计的最初构想。作为一门学科，教学设计可以追溯到20世纪60年代。随着心理学及其相关的科学研究成果的不断涌现、系统论等科学方法在教育领域中的应用，以及教育规模的不断扩大和现代教育技术的不断发展，教学设计的地位逐渐提高，教学设计的基本理论也逐步形成与发展，逐渐成为教育领域中一个独立的学科。1965年，美国教育心理学家加涅出版了《教学设计原理》一书，将教学设计定义为“为学习而设计教学”，强调了教学设计的科学性和目的性，标志着教学设计学科的诞生。随后，教学设计进入了迅速发展时期。

教学设计主要有三个发展方向，即以“教”为中心的教学设计、以“学”为中心的教学设计和自动化教学设计。其中，以“学”为中心的教学设计主要研究的是“学”，即强调学生对知识的主动探索、主动发现和对所学知识意义的主动建构，可以充分调动学生的主动性、积极性、创造性，有利于学生学习主体作用和地位的体现，但不足之处在于容易忽视教师的主导作用和教学目标对学生学习的宏观调控作用。

作为“思想政治理论课综合实践”课程的“持续改进学习”项目之一的“教学设计”，则是以课程教学过程设计为学习对象和目标任务，让学生以“教师”角色身份亲历和反思实践教学，基于真实情境或创设情境而提出问题，并利用相关知识与信息资源开展研究、设计和模拟操作，从而解决问题并展示和分析项目学习成果，在一定意义和程度上弥补了以“学”为中心的实践教学活动的不足之处。

（二）“教学设计”的层次

根据教育系统结构和目标任务的不同，教学设计可分为教学系统设计、教学过程设计和教学产品设计三个层次。教学系统设计属于宏观设计层次，如一所学校、一个专业、一个学习系统的建立等；教学过程设计，可以是对一门课程或一个单元的课程教学设计，也可以是对一节课或某几个知识点的课堂教学设计；教学产品设计，可以是指一般教学媒体、小型课件等设计，也可以是大型计算机软件、教学设备设施等设计。在教学设计的三个层次中，教学过程设计与教师、学生和课程资源密切相关，是整个教育活动的关键，处于中心地位。同时，它也是“思想政治理论课综合实践”课程主张让大学生积极参与的设计学习项目。

（三）“教学设计”的基本要素

如前文所述，教学过程是整个教育活动的关键，一个有效的教学过程设计包含以下五个基本要素：

1. 教学对象

教学设计中的教学对象当然指的是学生。学生是整个教学活动的主体和核心要素。在教学设计过程中，需要深入了解学生的特点和需求来设计教学，确保学生能够很好地理解和掌握知识技能，达成教学目标。

2. 教学目标

教学目标是指在完成学习后，学生应该达到的和希望学生达到的知识、技能和能力水平。教学设计中的教学目标设计是根据教学大纲和教材内容，结合学生的实际，对教学活动进行规划的过程。教学目标的表述应该明确、具体、可量化，一般以行为动词＋表现形式的方式进行表述。

3. 教学策略

教学策略是在特定的教学环境下，为完成设定的教学目标，实现教学效果而采用的具体方法和手段。教学策略的设计需要根据教学目标、教材内容、学生特点、教学环境等因素进行综合考虑，包括教学方法、教学资源、媒体选择等方面。

4. 教学内容

教学内容是教学过程中的核心，是教师和学生共同关注和互动的焦点，是实现教学目标的载体，包括学科知识和技能等方面的内容。教学内容的分析和组织是教学设计过程中非常重要的一个环节，需要按照学习者的特点和教学目标的要求来进行处理和呈现。

5. 教学评价

教学评价是对整个教学设计过程的评价和反馈，旨在衡量学习者是否达到了教学目标的要求。教学评价应该及时、全面、客观，并且根据评价结果对教学设计进行修正和调整，以确保教学质量和效果。

总之，教学设计的基本要素包括教学对象、教学目标、教学策略、教学内容和教学评价等五个方面，这些要素之间相互联系、相互制约，构成了完整的教学设计框架。

二、“教学设计”的教学过程

（一）参照课程教学大纲，确立学习主题

一般来说，“教学设计”是从学习需求的分析开始，即从问题的分析和确定作为出发点，形成总的教学目标，然后寻找相应的解决问题的最佳方案，从而最终解决问题。

作为“思想政治理论课综合实践”课程的设计学习体验，“教学设计”是指导学生围绕某一学习主题做系统设计，形成宏观意义层面上的“教学过程设计”，因而可以课程教学大纲为参照系确定学习需求，确定“教学设计”的学习主题。学习主题可以由指导教师提出，也可以由师生共同议定，还可以由学生自主选择。

（二）指导教师讲授基本操作，学生边学边设计

教学设计是一个系统性的过程，需要综合考虑多种因素，如课程目标、教学内容、教学方法、评价方式等，以确保教学质量和教学效果达到最佳状态。因此，在开展设计学习时，学生需要全面了解这些因素的相关知识和技能。在学习过程中，教师的角色是“给学生提供指导，让他们在整个过程中尽可能独立的工作”，也可以提供一些“教学过程设计”示范案例供学生边学边设计。

（三）学生扮演“教学架构师”，开展设计学习

作为“教学构架师”的学生，在接受教师指导之后，就要实际上开展设计学习活动。学生首先需要明确的是设计学习的任务，不同于通常意义的“教学产品”设计，如微课设计与展示，而是紧扣某一学习主题做“教学过程设计”，像指导教师在开课之前做的教学规划和安排。在这个阶段，学生要静下心来，加强团队合作，通过不断实践和反思，逐步提高教学设计的能力和水平，最终撰写体现一定能力和水平的教学设计作品。

（四）教学设计作品现场展示，教师给予考核评价

在“教学设计”项目学习中，学生全程经历提出问题、规划方案、选择方法、

搜集资源等阶段，从而深度促进和提升其批判思维、系统思维、逻辑思维，提高观察世界、关联思考、提出和解决问题的能力，还可以提高其社会责任感、团结合作意识和项目管理技巧等。学习效果融聚于学习成果之中，教师要带有批判性的眼光去评阅学习成果的现场展示，确定是否达到项目学习最初设定的教学目标，去评估哪些是学生通过这次学习经历掌握的或者能够去做的。

三、“教学设计”的撰写

教学设计是一项严谨细致的工作，需要按照一定的流程和规范进行撰写。一般的教学设计应该包括以下几部分：

（一）确定学习主题

“学习主题”的确定，不是一个简单的问题，既要突出“思想政治理论课综合实践”课程性质，选择与思想政治理论课教学内容相关的学习主题，又要考虑大学生的特点和能力，不能太过泛泛，也不能太小而不容易展开，还要考虑新时代新发展，考虑通过对该学习主题的设计学习，是否能够提高学生观察世界、关联思考、提出问题的能力，是否能够提高学生承受挫折、寻求多种方法解决问题的能力，逐步学会时间管理和项目管理的能力，是否能够提升社会责任感。

例如：

学习主题1：国家安全，总体国家安全观（人民安全、政治安全、经济安全、军事安全、科技安全、文化安全、社会安全、国际安全等，选择其一）。

学习主题2：中国共产党人的精神谱系（井冈山精神、长征精神、延安精神、大庆精神、焦裕禄精神、塞罕坝精神、抗洪精神、女排精神、脱贫攻坚精神等，选择其一）。

（二）编写教学目标

明确学生在学习完本课程后应该掌握的知识和技能，以及达到的能力水平。教学目标应该明确、具体、可量化，并且能够体现课程目标和教育目的。

一般而言，应包括认知、技能、情感三类教学目标。在撰写时，应使用可以观察或测量的行为术语来描述，应包括对象（audience）、行为（behaviour）、条件（condition）、标准（degree）等4个要素，即称为ABCD模式。当然，不一定要把4

个要素全部表述出来，有些约定俗成、简单明了的内容，可以适当地省略。甚至三类教学目标，有时可以各自单独写成一条，也可以两条合在一起写成一条，或是三条合写成一条，要根据教学实际酌情撰写。例如：

通过本课程（本项目）的学习，学生能够：

①认知类：使用“了解”“理解”“应用”“区分”“总结”等术语来表述。

②技能类：使用“学会”“掌握”“熟练掌握”“创造”等术语来表述。

③情感类：使用“接受”“体会”“体验”“感受”“认识”等术语来表述。

（三）设置教学重点、难点

教学重点是指本课程主要讲授的内容是什么，它是教学中最重要、最基本的中心内容，是知识网络中的联结点，是设计教学结构的主要线索。教学重点的设置要准确、书写清晰，不可省略掉。教学难点是指学生在教学中难以理解和接受的内容。这些内容，或是由于知识本身抽象、复杂而难理解，或是由于学生缺少必要的知识准备而难接受，要根据具体内容的特点和学生的基础来确定教学难点。设置教学难点时要根据教学的环境、学生的认知能力、理解能力、接受能力精心设计，保证教学难点设置的精度和准确度。

（四）设计教学内容

1. 撰写“教学设计”报告书

在教师指导下，学生紧扣学习主题系统设计课程教学过程，包括“学习主题”“学习项目”“学时要求”“学习任务”“学习成果”等，填写“‘思想政治理论课综合实践’课程‘教学设计’报告书”。其中，“前置性学习”项目的填写说明：①“经典研读”：在“学习任务”处，填写研读篇目名称、学习“‘读后感’写作方法与技巧”；在“学习成果”处，填写“撰写一定篇幅字数的‘读后感’”。②“影视欣赏”：在“学习任务”处，填写影视作品名称、学习“‘观后感’写作方法与技巧”，在“学习成果”处，填写“撰写一定篇幅字数的‘观后感’”。③技能培训：在“学习任务”处，填写“个性化学习”项目（例如“问卷调查”“访问调查”“虚拟社会实践”），在“学习成果”处，填写“掌握实践技能”。“个性化学习”项目的填写说明：在“学习任务”处，填写“‘问卷调查’或‘访问调查’或‘虚拟社会实践’”，在“学习成果”处，填写“‘问卷调查’或‘访问调查’或‘虚拟社会实践’报告书”，甚至可以更加具体详细。如“虚拟社会实践”，可以填写“提交电子杂志”等。

“思想政治理论课综合实践”课程“教学设计”报告书

学生团队				指导教师	
学习时间	年　月　日　至　年　月　日				
学习主题					
学习项目	前置性学习			个性化学习	持续改进学习
	①经典研读	②影视欣赏	③技能培训	④问卷调查 ④访问调查 ④虚拟社会实践	⑤学习展示 ⑤教学设计
学时要求	校园实践 2 学时	校园实践 2 学时	校园实践 2 学时	社会实践 24 学时	校园实践 2 学时
学习任务					
学习成果					
考核评价	□优秀　□良好　□中等　□及格　□不及格				

备注：紧扣课程学习主题开展“思想政治理论课综合实践”课程的整体性、系统性教学设计，学习项目、学习任务、学习成果应与学习主题密切相关。其中，“个性化学习”“持续改进学习”项目，属于课程选择性必修类，学生选择其项目类别中的一个子项目参与学习。

2. 简述教学过程设计

在教师指导下，学生较为详细地阐释课程教学过程设计，并对相关的学习资料、课程教学资源、项目学习活动和学习成果要求等作简要说明，让学习者清晰地阅读出主题式实践教学的设计逻辑，以及明确自己将要参加的学习活动和达成的教学目标等。

（五）展示与考核评价

参考“思想政治理论课综合实践”课程的考核办法和评价标准，给“教学设计”学习成果评定等级成绩。

第二节　“教学设计”实践教学示范教案

示范教案：“思想政治理论课综合实践”课程教学设计

一、教案名称

教学设计：“思想政治理论课综合实践”课程教学设计。

二、教学目标

1．认知目标

学生能够清晰地理解课程教学设计的基本概念、原则和主要流程，能够运用教学设计的基本原理与方法，完成简单的“思想政治理论课综合实践”课程的教学过程设计任务。通过以思政学习主题为对象开展“思想政治理论课综合实践”课程教学设计，能够进一步深化对该思政学习主题的认识与系统把握。

2．能力目标

通过对“思想政治理论课综合实践”课程教学模式与教学实践的教学反思，培养学生分析问题、解决问题的能力。通过小组讨论和合作完成教学设计任务，提升学生的团队协作和沟通能力，学会在团队中共同完成任务。

3．情感目标

激发学生对教学设计的兴趣和热情，认识到教学设计对于提高教学质量的重要性，进一步培养学生的教育责任感和使命感。

三、教学重点与难点

1．教学重点

理解教学设计的基本概念与原则，掌握教学设计的主要流程，培养教学设计的实践能力。

2．教学难点

如何以课程学习主题为逻辑主线开展教学设计，选择合乎主题式教学的课程教学资源整合融入到“前置性学习”“个性化学习”“持续改进学习”等项目化学习活动中，指导学生完成学习任务链的学习成果，以达成课程教学目标。

四、教学方案

（一）教学思路

①以本学期“思想政治理论课综合实践”课程学习主题与教学过程设计为案例，引导学生以“教师”角色身份，以个人或团队的形式对本门课程教学过程进行规划和安排，激发学生对教学设计的兴趣和热情。

②指导教师需要向学生清晰、系统地讲授课程教学设计的基本概念、原则、主要流程和方法，并以本学期“思想政治理论课综合实践”课程教学设计为例进行生动讲解。

③根据“教学设计”项目的考核评价标准，指导教师对学生“教学设计”项目学习成果评定等级，计入课程“综合评定”，同时，将优秀作品与同学们分享。

（二）教学指导

1．任务驱动

明确“教学设计”是学生个人或团队学习项目，鼓励学生以团队形式开展“思想政治理论课综合实践”课程教学设计，形成“思想政治理论课综合实践”课程“教学设计”报告书，并简述教学过程设计，以及开展优秀教学设计成果展示。

2．教师指导

①简要介绍“教学设计”项目的学习要求、学习任务和考核评价标准。

②以本学期“思想政治理论课综合实践”课程教学过程设计为案例，向学生做“教学设计”项目的知识与技能培训。

③以“思想政治理论课综合实践”课程教学设计为对象，指导学生以个人或团队形式围绕某思政学习主题开展课程教学设计，完成“思想政治理论课综合实践”课程“教学设计”报告书，同时提交所采用的课程教学资源。

（三）教学评价

通过“教学设计”项目的学习，撰写“思想政治理论课综合实践”课程“教学设计”报告书并进行现场教学设计成果展示，以及指导教师总结与评价等，进一步加深学生对教学设计的理解和应用能力，进一步提升对某思政学习主题相关内容的理解与把握。同时，学会如何开展教学设计、如何收集和分析数据、如何撰写报告书等实用技能，锻炼学生的实践能力和团队协作能力，以及系统思维。

根据课程考核评价内容和标准，指导教师对学生“教学设计”项目的学习成果及时给予等级评价。

第三节 “教学设计”实践教学成果范例

成果范例一：扶贫

一、课程学习主题

扶贫。

二、教学目标

①通过阅读《习近平的七年知青岁月》，了解习近平总书记曾体验过的农村艰苦日子，在困境中实现精神升华，“不忘初心，牢记使命”，始终如一地践行着“群众需要什么，近平就干什么”，习近平总书记“人民立场，人民至上”的治国理政理念。

②通过观影《又是一年三月三》，感悟“扶贫，共产党员永远在路上”。正是这种执着的“初心情怀”和扶贫精神，激励着一代又一代共产党人奔走在扶贫路上，为打赢扶贫攻坚战贡献力量。

③通过“技能培训”“教学设计”以及“个性化学习”等项目学习，掌握社会实践的相关技能，培养系统思维、逻辑思维、问题意识和创新精神，提升实践能力。

三、教学重点、难点

1. 教学重点

实践教学重在学生“学”与“做”，但如何“学”与“做”，教师的主导地位和作用的发挥是重点，即如何通过“经典研读”引导学习形成“预存立场”，如何通过“影视欣赏”触发情感认同，以及掌握社会实践相关技能，这些是学生深入社会“学”与“做”的前提和基础。

2. 教学难点

学生主体地位和作用的发挥在于深入社会开展实践活动，如何引导学生规范有序且创新地参与社会实践，较高质量地完成学习任务是本课程教学难点。

四、教学内容

（一）撰写“教学设计”报告书

“思想政治理论课综合实践”课程“教学设计”报告书

<table>
<tr><td>学生团队</td><td colspan="3">×××</td><td>指导教师</td><td>李军松</td></tr>
<tr><td>学习时间</td><td colspan="5">2020年9月25日至2020年12月8日</td></tr>
<tr><td>学习主题</td><td colspan="5">扶贫</td></tr>
<tr><td rowspan="2">学习项目</td><td colspan="3">前置性学习</td><td>个性化学习</td><td>持续改进学习</td></tr>
<tr><td>①经典研读</td><td>②影视欣赏</td><td>③技能培训</td><td>④问卷调查
④访问调查
④虚拟社会实践</td><td>⑤学习展示
⑤教学设计</td></tr>
<tr><td>学时要求</td><td>校园实践2学时</td><td>校园实践2学时</td><td>校园实践2学时</td><td>社会实践24学时</td><td>校园实践2学时</td></tr>
<tr><td>学习任务</td><td>研读《习近平的七年知青岁月》；讲授“读后感”的写作方法与技巧</td><td>观看《又是一年三月三》；讲授“观后感”的写作方法与技巧</td><td>“问卷调查”“访问调查”技术指导</td><td>“问卷调查”
“访问调查”</td><td>教学设计</td></tr>
<tr><td>学习成果</td><td>读后感</td><td>观后感</td><td></td><td>社会调查报告书</td><td>教学设计展示</td></tr>
<tr><td>考核评价</td><td colspan="5">□优秀　□良好　□中等　□及格　□不及格</td></tr>
</table>

备注：紧扣课程学习主题开展“思想政治理论课综合实践”课程的整体性、系统性教学设计，学习项目、学习任务、学习成果应与学习主题密切相关。其中，“个性化学习”“持续改进学习”项目，属于课程选择性必修类，学生选择其项目类别中的一个子项目参与学习。

（二）简述教学过程设计

1．经典研读（2 学时）

（1）教学思路

指导教师引导学生研读《习近平的七年知青岁月》，在课堂上作专题导读；指导教师讲授“读后感”的写作方法与技巧；学生结合学习主题撰写不少于 1000 字的“读后感”。

（2）课程资源

《习近平的七年知青岁月》是由中共中央党校出版社编著的采访实录，首次出版时间为 2017 年 8 月。这是一本是由 29 名访问对象的口述汇集起来的访问实录，其中既有曾经同习近平总书记一起插队的北京知青，又有同他朝夕相处的当地村民，还有当年同他相知相交的各方面人士。通过受访者以口述历史的方式，再现了青年习近平扎根陕北黄土高原，七年来同人民群众同甘共苦、情同手足、血肉相连、鱼水交融的青春面貌。通过访谈生动描绘了青年习近平树立矢志不渝的理想追求和植根爱国为民的家国情怀。

2．影视欣赏（2 学时）

（1）教学思路

指导教师引导学生自主观影《又是一年三月三》；指导教师录制“‘观后感’的写作方法与技巧”的教学视频，供学生自主学习；学生结合学习主题撰写不少于 1000 字的“观后感”。

（2）课程资源

图 7－1 《又是一年三月三》海报

《又是一年三月三》是由马会雷执导，刘之冰、颜丹晨、田娜主演的剧情片。作为广西壮族自治区成立60周年献礼片，《又是一年三月三》于2018年10月31日在北京首映，2018年12月18日在全国上映。

《又是一年三月三》讲述了20世纪70年代，黄永华作为知青到广西边境南山村下乡劳改，与少女农杜鹃相识相恋，单纯美好的感情在二人心底留下淡淡的情愫。几十年后黄永华退休，他怀着感恩之情重新回到当初支边的地方，年轻时“广阔天地、大有作为”的热血抱负，为了他牺牲奉献顶罪的朋友和初恋，以及对祖祖辈辈生活在祖国边疆人民的感激之情，使他对这片土地和人民有着深沉的热爱与责任。这里有刚毅果敢又不失女性柔美的村主任农香竹，美丽善良、默默守护家乡的壮族姑娘谭彩凤，也有好吃懒做的醉鬼卢有望等少数抵制变革的村民。黄永华克服缺少青壮年劳动力、缺少资金等重重困难，带领全村人挖通隧道引水，帮助乡亲们脱贫致富，无私奉献，完成年轻时的未竟事业。

3．技能培训（2 学时）

（1）教学思路

针对“个性化学习”项目的选择，指导教师在课堂上做专题培训，指导学生掌握“问卷调查”“访问调查”方法；针对“持续改进学习”项目的选择，指导教师向学生简要讲解如何开展“教学设计”，并结合本课程学习主题做教学设计示范；提示社会实践过程中需要注意的问题，加强对全体学生的安全教育。

（2）课程资源

“问卷调查”“访问调查”“教学设计”等项目的教学 PPT（略）。

4．问卷调查/访问调查（24 学时）

教学思路：以学生个人，或以一般不超过 5 人的学生团队形式开展社会实践，并自主选择“个性化学习”项目。选择“问卷调查”的学生个人或团队在接受技能培训之后，在学习主题视域下与指导教师共同议定具体课题实施问卷调查，形成社会调研报告；选择“访问调查”的学生个人或团队在接受技能培训之后，在学习主题视域下与指导教师共同议定访问主题深入扶贫地区，与扶贫负责人深度访谈，形成访谈记录和视频。在“问卷调查”“访问调查”过程中，师生畅通联络，学生个人或团队积极向指导教师汇报各阶段进展情况，指导教师悉心指导，及时给予外联帮助和指导建议。

5. 教学设计（2 学时）

教学思路：参与“问卷调查”“访问调查”的学生个人或团队原班人马继续开展“教学设计”项目学习。在接受“教学设计”技能培训之后，学生个人或团队明确“学习主题”开展课程教学过程设计，并要求阐释设计逻辑和提交相关教学素材。

6. 课程综合评定

根据课程考核评定办法和评价标准，指导教师给学生个人或团队的学习成果分项目给出等级评定，然后根据每位学生的学习表现给予本课程最终的综合评定。

成果范例二：低碳生活，你我他

一、课程学习主题

低碳生活，你我他。

二、教学目标

①通过课程学习，加深大学生对我国环境保护相关政策、法律法规，以及生态文明建设的认识和理解，理解“低碳生活”的概念，反思现实社会和生活实际，充分认识到“低碳生活”的必要性和重要性。

②通过课程学习，激发大学生树立低碳环保的意识，培养热爱环境，保护环境，践行低碳生活的良好品质，使自己成为低碳生活的倡导者，低碳理念的传播者，低碳生活的践行者。

③通过课程学习，培养大学生问题意识，提升自主学习、团队合作意识，提高观察、分析、解决问题的能力。

三、教学重点、难点

1. 教学重点

何谓“低碳生活”？如果这个问题弄不清楚，“问卷调查”和环境保护实践行就无法顺利地开展下去。因此，如何通过“经典研读”“影视欣赏”，以及引导学生自主学习，进一步明确“低碳生活”的概念，达成思想认同、情感认同，是本课程的教学重点。

2. 教学难点

“问卷调查”的专业性很强，包括问卷设计、数据统计与分析、调研报告写作等，对于非社会学专业大学生来说，难度很大。如何在较短时间内帮助学生运用问卷调查法开展调查研究，是本课程的教学难点。

四、教学内容

（一）教学设计

“思想政治理论课综合实践”课程“教学设计”报告书

<table>
<tr><td>学生团队</td><td colspan="3">×××</td><td>指导教师</td><td>李军松</td></tr>
<tr><td>学习时间</td><td colspan="5">2020 年 9 月 25 日至 2020 年 12 月 8 日</td></tr>
<tr><td>学习主题</td><td colspan="5">低碳生活，你我他</td></tr>
<tr><td rowspan="2">学习项目</td><td colspan="3">前置性学习</td><td>个性化学习</td><td>持续改进学习</td></tr>
<tr><td>①经典研读</td><td>②影视欣赏</td><td>③技能培训</td><td>④问卷调查
④访问调查
④虚拟社会实践</td><td>⑤学习展示
⑤教学设计</td></tr>
<tr><td>学时要求</td><td>校园实践 2 学时</td><td>校园实践 2 学时</td><td>校园实践 2 学时</td><td>社会实践 24 学时</td><td>校园实践 2 学时</td></tr>
<tr><td>学习任务</td><td>阅读《中华人民共和国环境保护法》；讲授“读后感”的写作方法与技巧</td><td>观看《灭顶之灾》；讲授“观后感”的写作方法与技巧</td><td>“问卷调查”方法</td><td>问卷调查；校内外环境保护实践行</td><td>现场展示</td></tr>
<tr><td>学习成果</td><td>读后感</td><td>观后感</td><td></td><td>环保实践行报告书</td><td>学习成果汇总</td></tr>
<tr><td>考核评价</td><td colspan="5">□优秀　□良好　□中等　□及格　□不及格</td></tr>
</table>

备注：紧扣课程学习主题开展“思想政治理论课综合实践”课程的整体性、系统性教学设计，学习项目、学习任务、学习成果应与学习主题密切相关。其中，“个性化学习”“持续改进学习”项目，属于课程选择性必修类，学生选择其项目类别中的一个子项目参与学习。

（二）教学设计说明

1. 经典研读（2 学时）

（1）教学思路

指导教师引导学生研读《中华人民共和国环境保护法》；指导教师讲授“读后感”的写作方法与技巧；学生结合学习主题撰写不少于 1000 字的“读后感”。

（2）课程资源

《中华人民共和国环境保护法》，1989 年 12 月 26 日，第七届全国人民代表大会常务委员会第十一次会议通过，2014 年 4 月 24 日第十二届全国人民代表大会常务委员会第八次会议修订，自 2015 年 1 月 1 日起施行。

2. 影视欣赏（2 学时）

（1）教学思路

学生自主观看《灭顶之灾》；指导教师讲授“观后感”的写作方法与技巧；学生结合学习主题撰写不少于 1000 字的“观后感”。

（2）课程资源

图 7－2 《灭顶之灾》海报

《灭顶之灾》是由 M. 奈特·沙马兰执导，马克·沃尔伯格、佐伊·丹斯切尔、约翰·雷吉扎莫主演的科幻悬疑电影。该影片于 2008 年 6 月 13 日上映。

《灭顶之灾》讲述的是一个在全球生态环境危机正日益威胁人类生存的情况下一家人挣扎求生的故事。电影里的大自然母亲已经对我们污染环境的行为忍无可忍，决定把人类赶出地球。于是，一种无形的神经毒素被释放到空气中，导致人类不断自杀。

3. 技能培训（2 学时）

教学思路：针对在“个性化学习”项目中的选择，指导教师在课堂上为学生做“问卷调查”专题培训，提示校内外实践行过程中需要注意的一系列问题，包括沟通技巧、安全教育等。

4. 问卷调查（24 学时）

教学思路：以学生个人或以一般不超过 5 人的学生团队形式开展社会实践，自主选择“个性化学习”项目。在接受“问卷调查”相关的技能培训之后，结合学习主题，师生共同议定具体课题并实施问卷调查，形成社会调研报告。在“问卷调查”过程中，师生畅通联络，学生个人或团队积极向指导教师汇报各阶段进展情况，指导教师悉心指导，及时给予指导建议。同时，以学生个人或团队形式，在校内外开展环保宣传、环保清扫等实践行活动，撰写实践行报告。

5. 学习展示（2 学时）

教学思路：以学生个人或团队的形式，整合“前置性学习”“个性化学习”项目的学习成果，并制作 PPT 参与课堂现场展示，指导教师给予“学习展示”项目等级评定。

6. 课程综合评定

根据课程考核评定办法和评价标准，指导教师给学生个人或团队的学习成果分项目给出等级评定，然后根据每位学生的学习表现给予本课程最终的综合评定。

参考文献

［1］杜敏智．社会调查方法与实践［M］．北京：电子工业出版社，2019.

［2］墨翟．墨子［M］．北京：北京联合出版公司，2017.

［3］李林慧，钱源伟．基于 OBE 理念的学前教育专业实践课程重构［J］．教育发展研究，2022（3）：24－30.

［4］文建群．人才流动状况调查指标体系的建立与应用［D］．西安：西安建筑科技大学，2006.

［5］降亚楠，胡笑涛，张鑫．基于 OBE 的专业课课堂教学改革与教学质量提升策略的思考［C］．水利类专业认证十周年学术研讨会，2017.

［6］李军松，刘晨，卢洋滨．海新区外来务工人员政治融入的状况及影响因素分析：基于对天津滨海新区外来务工人员的问卷调查［J］．天津市工会管理干部学院学报，2016（4）：45－50.

［7］李军松，王硕．红色影视剧对大学生信仰的涵化效果实证研究：以天津地区高校为例［J］．阜阳师范学院学报（社会科学版），2014（3）：114－117.

［8］李军松．拟态环境下高校思想政治理论课实践教学困境研究［J］．安徽商贸职业技术学院学报（社会科学版），2016（11）：57－60.

［9］吴英．基于网络环境下大学生虚拟社会实践问题研究［D］．武汉：中南民族大学，2012.

［10］程洋．元认知策略训练对高中生生物解题能力的影响［D］．天津：天津师范大学，2011.

［11］习近平．高举中国特色社会主义伟大旗帜 为全面建设社会主义现代化国家而团结奋斗：在中国共产党第二十次全国代表大会上的报告［EB/OL］．［2022－10－25］．http：//cpc. people. com. cn/n1/2022/1025/c64094－32551583. html.

后　记

《高校思想政治理论课主题式实践教学教程》是天津科技大学“思想政治理论课综合实践”课程全体授课教师多年来教学探索与经验的总结，本书编写组将之付诸文字成书，以供高校思想政治理论课教师和大学生参阅。

多年来，我们一直致力于高校思想政治理论课实践教学的探索与实践，基于对教育主管部门相关文件精神的认知和把握，形成了课程化教学设计的思考和实践，统筹“思想道德与法治”“中国近现代史纲要”“马克思主义基本原理概论”“毛泽东思想和中国特色社会主义理论体系概论”等四门思政必修课程实践教学环节的学时学分，创造性地开设了“思想政治理论课综合实践课程”，共32学时2学分。

本课程积极推动实施思想政治理论课“1+3+X+1”实践教学模式，引导大学生在较充裕的时间内围绕某一学习主题开展深度学习，培养大学生的问题意识、创新精神和实践能力，进一步巩固思想政治理论课理论教学效果，进一步促进大学生深刻领悟“两个确立”的决定性意义，增进“四个意识”，坚定“四个自信”，做到“两个维护”，增进“五个认同”，从而树立正确的世界观、人生观和价值观，努力成为能担当中华民族复兴大任的时代新人、德智体美劳全面发展的社会主义建设者和接班人。

特别鸣谢关心和支持本书出版的领导、老师和同学们。由于水平有限，书中难免有不足之处，诚挚欢迎广大师生和读者提出宝贵意见和建议。

本书编写组

2023年8月

附　录

附录一　“思想政治理论课综合实践”课程学习手册

“思想政治理论课综合实践”课程学习手册

姓　名			学　号	
指导教师				
学习时间	年　　月　　日至　　年　　月　　日			
项目评定	前置性学习		个性化学习	持续改进学习
	①经典研读	②影视欣赏	③问卷调查 ③访问调查 ③虚拟社会实践	④教学设计 ④学习展示
	□优秀 □良好 □中等 □及格 □不及格	□优秀 □良好 □中等 □及格 □不及格	□优秀 □良好 □中等 □及格 □不及格	□优秀 □良好 □中等 □及格 □不及格
考核评价	□优秀　□良好　□中等　□及格　□不及格			

××××大学马克思主义学院

二〇××年×月制

“思想政治理论课综合实践”课程“经典研读”报告书

姓　名		学　号	
学习时间	年　　月　　日至　　年　　月　　日		
研读篇目			
考核评价	□优秀　□良好　□中等　□及格　□不及格		

“思想政治理论课综合实践”课程“影视欣赏”报告书

姓　名		学　号	
学习时间	年　　月　　日至　　年　　月　　日		
影视作品			
考核评价	□优秀　□良好　□中等　□及格　□不及格		

“思想政治理论课综合实践”课程“问卷调查”报告书

<table>
<tr><td>学习时间</td><td colspan="5">年　　月　　日至　　年　　月　　日</td></tr>
<tr><td>项目名称</td><td colspan="5"></td></tr>
<tr><td>项目类型</td><td colspan="5">□教育类　□社会治理类　□医疗卫生类　□就业类　□其他</td></tr>
<tr><td rowspan="6">人员分工</td><td>姓　名</td><td>学号</td><td>联系电话</td><td>项目分工</td><td>贡献率</td></tr>
<tr><td></td><td></td><td></td><td></td><td></td></tr>
<tr><td></td><td></td><td></td><td></td><td></td></tr>
<tr><td></td><td></td><td></td><td></td><td></td></tr>
<tr><td></td><td></td><td></td><td></td><td></td></tr>
<tr><td></td><td></td><td></td><td></td><td></td></tr>
<tr><td colspan="6">项目简介（200 字以内，简述学习目标、调查对象和调查内容）</td></tr>
<tr><td colspan="6"></td></tr>
<tr><td colspan="6">关键词（3 ~ 5 个）</td></tr>
<tr><td colspan="6"></td></tr>
</table>

续表

正文

续表

参考文献	
附件问卷	
考核评价	□优秀　□良好　□中等　□及格　□不及格

“思想政治理论课综合实践”课程“访问调查”报告书

<table>
<tr><td>学习时间</td><td colspan="5">年　　月　　日至　　年　　月　　日</td></tr>
<tr><td>项目名称</td><td colspan="5"></td></tr>
<tr><td>项目类型</td><td colspan="5">□教育类　□社会治理类　□医疗卫生类　□就业类　□其他</td></tr>
<tr><td rowspan="6">人员分工</td><td>姓　名</td><td>学号</td><td>联系电话</td><td>项目分工</td><td>贡献率</td></tr>
<tr><td></td><td></td><td></td><td></td><td></td></tr>
<tr><td></td><td></td><td></td><td></td><td></td></tr>
<tr><td></td><td></td><td></td><td></td><td></td></tr>
<tr><td></td><td></td><td></td><td></td><td></td></tr>
<tr><td></td><td></td><td></td><td></td><td></td></tr>
<tr><td colspan="6">项目简介（300 字以内，简述学习目标、调查对象和调查内容）</td></tr>
<tr><td colspan="6"></td></tr>
<tr><td colspan="6">访问策划</td></tr>
<tr><td colspan="6"></td></tr>
</table>

续表

访问记录

续表

访问心得	
考核评价	□优秀　□良好　□中等　□及格　□不及格

“思想政治理论课综合实践”课程“虚拟社会实践”报告书

<table>
<tr><td>学习时间</td><td colspan="5">年　　月　　日至　　年　　月　　日</td></tr>
<tr><td>项目名称</td><td colspan="5"></td></tr>
<tr><td>项目类型</td><td colspan="5">□教育类　□社会治理类　□医疗卫生类　□就业类　□其他</td></tr>
<tr><td rowspan="6">人员分工</td><td>姓　名</td><td>学号</td><td>联系电话</td><td>项目分工</td><td>贡献率</td></tr>
<tr><td></td><td></td><td></td><td></td><td></td></tr>
<tr><td></td><td></td><td></td><td></td><td></td></tr>
<tr><td></td><td></td><td></td><td></td><td></td></tr>
<tr><td></td><td></td><td></td><td></td><td></td></tr>
<tr><td></td><td></td><td></td><td></td><td></td></tr>
<tr><td colspan="6">项目简介（300 字以内）</td></tr>
<tr><td colspan="6"></td></tr>
<tr><td colspan="6">作品展示</td></tr>
<tr><td colspan="6"></td></tr>
</table>

续表

参考文献	
考核评价	□优秀　□良好　□中等　□及格　□不及格

“思想政治理论课综合实践”课程“教学设计”报告书

<table>
<tr><td>学生团队</td><td colspan="3"></td><td>指导教师</td><td></td></tr>
<tr><td>学习时间</td><td colspan="5">年　　月　　日至　　年　　月　　日</td></tr>
<tr><td>学习主题</td><td colspan="5"></td></tr>
<tr><td rowspan="2">学习项目</td><td colspan="3">前置性学习</td><td>个性化学习</td><td>持续改进学习</td></tr>
<tr><td>①经典研读</td><td>②影视欣赏</td><td>③技能培训</td><td>④问卷调查
④访问调查
④虚拟社会实践</td><td>⑤学习展示
⑤教学设计</td></tr>
<tr><td>学时要求</td><td>校园实践 2 学时</td><td>校园实践 2 学时</td><td>校园实践 2 学时</td><td>社会实践 24 学时</td><td>校园实践 2 学时</td></tr>
<tr><td>学习任务</td><td></td><td></td><td></td><td></td><td></td></tr>
<tr><td>学习成果</td><td></td><td></td><td></td><td></td><td></td></tr>
<tr><td>考核评价</td><td colspan="5">□优秀　□良好　□中等　□及格　□不及格</td></tr>
</table>

备注：紧扣课程学习主题开展“思想政治理论课综合实践”课程的整体性、系统性教学设计，学习项目、学习任务、学习成果应与学习主题密切相关。其中，“个性化学习”“持续改进学习”项目，属于课程选择性必修类，学生选择其项目类别中的一个子项目参与学习。

附录二　高校思想政治理论课实践教学相关文件与政策

中共中央宣传部　教育部关于进一步加强和改进高等学校思想政治理论课的意见

教社政〔2005〕5号

根据《中共中央国务院关于进一步加强和改进大学生思想政治教育的意见》（中发〔2004〕16号）精神，经党中央同意，现就加强和改进高等学校思想政治理论课提出如下意见。

一、充分认识新形势下加强和改进高等学校思想政治理论课的重要性

马克思主义是我们立党立国的根本指导思想，是全党全国人民团结奋斗的共同思想基础。高等学校思想政治理论课承担着对大学生进行系统的马克思主义理论教育的任务，是对大学生进行思想政治教育的主渠道。充分发挥思想政治理论课的作用，用马克思列宁主义、毛泽东思想、邓小平理论和“三个代表”重要思想武装当代大学生，是党的教育方针的具体体现，是社会主义大学的本质特征，是党和国家事业长远发展的根本保证。

改革开放以来特别是党的十三届四中全会以来，高等学校思想政治理论课教育教学取得了很大成绩。邓小平理论和“三个代表”重要思想进教材、进课堂、进学生头脑工作不断深入，学科建设扎实推进，教材建设取得成效，教学方式方法逐步改进，教师队伍建设得到加强。高等学校思想政治理论课在引导大学生坚定对马克思主义的信仰、对社会主义的信念，增强对改革开放和现代化建设的信心、对党和政府的信任等方面，发挥了重要的作用。

新的形势对高等学校思想政治理论课教育教学提出了新的任务和要求。世界多极化和经济全球化的趋势在曲折中发展，科技革命日新月异，综合国力竞争日趋激烈。各种思想文化相互激荡，西方敌对势力加紧对我实施西化、分化的政治图谋。我国改革开放进一步深入，社会经济成分、组织形式、就业方式、利益关系和分配方式日益多样化。如何引导大学生正确认识当今世界错综复杂的形势，把握国际局

势的发展变化和人类社会的发展趋势；如何引导大学生正确认识国情和社会主义建设的客观规律，增强在中国共产党领导下全面建设小康社会、加快推进社会主义现代化的自觉性和坚定性；如何引导大学生正确认识肩负的历史使命，努力成为德智体美全面发展的中国特色社会主义事业的建设者和接班人，是必须认真研究解决的重大而紧迫的课题。

面对新的变化和新的情况，高等学校思想政治理论课教育教学还存在亟待解决的问题。学科建设基础比较薄弱，课程内容重复，教材质量参差不齐，教学方式方法比较单一，教学的针对性、实效性不强。教师队伍数量不足，素质有待提高，优秀中青年学术带头人缺乏。一些学校不同程度地存在认识不足、重视不够、管理不到位的情况。在新的形势下，要认真总结经验，解决存在的问题，进一步加强和改进高等学校思想政治理论课教育教学。

当前，邓小平理论和“三个代表”重要思想指导地位日益巩固，我国改革开放和社会主义现代化建设取得巨大成就，高等学校在长期教育教学工作中积累了丰富经验，当代大学生积极健康向上的主流和求知成才的渴望，为加强和改进高等学校思想政治理论课提供了有利条件。各级党委、政府和高等学校要高度重视，采取切实有效的措施，把思想政治理论课教育教学提高到一个新的水平。

二、全面把握加强和改进高等学校思想政治理论课的指导思想和总体要求

加强和改进高等学校思想政治理论课的指导思想是：坚持以马克思列宁主义、毛泽东思想、邓小平理论和“三个代表”重要思想为指导，深入贯彻党的十六大精神，贯彻党的教育方针，解放思想、实事求是、与时俱进，立足于帮助大学生树立正确的世界观、人生观、价值观，深入开展马克思主义立场、观点、方法教育，开展党的基本理论、基本路线、基本纲领和基本经验教育，开展科学发展观教育，开展中国革命、建设和改革开放的历史教育，开展基本国情和形势与政策教育，不断增强高等学校思想政治理论课教育教学的针对性、实效性和说服力、感染力。

加强和改进高等学校思想政治理论课的总体要求是：坚持用发展着的马克思主义武装大学生，始终保持教育教学的正确方向；坚持理论联系实际，贴近实际、贴近生活、贴近学生；坚持开拓创新，不断改进教育教学的内容、形式和方法；力争在几年内，使高等学校思想政治理论课教学状况有明显改善。要形成比较完善的学

科体系和课程体系，编写出充分体现当代中国马克思主义最新成果的教材，实现教学方式方法多样化、实践教学规范化和教学手段现代化，建立和完善教师培训制度和激励机制，确立党的宣传部门与教育部门相互协调、密切配合的宏观管理体制，形成关心和支持高等学校思想政治理论课建设的良好社会氛围。

三、大力推进高等学校思想政治理论课的学科建设

学科建设是加强和改进思想政治理论课的基础。思想政治理论课教育教学所依托的学科是我国特有的一门政治性、科学性和实践性很强的学科，只能加强，不能削弱。设立马克思主义一级学科，开展马克思主义理论体系研究，开展马克思主义发展史、马克思主义中国化研究，开展思想政治教育研究，为推进党的思想理论建设和巩固马克思主义在高等学校教育教学中的指导地位，为加强高校思想政治理论课建设，培养思想政治教育工作队伍提供有力的学科支撑。

中宣部、国务院学位委员会、教育部要加强对马克思主义学科建设的领导，规划和指导学科建设与发展。要不断总结学科发展经验，探索马克思主义学科发展的规律，努力建设一个研究对象明确、功能定位科学的马克思主义学科体系。

四、不断完善高等学校思想政治理论课的课程体系

科学的课程设置是加强和改进思想政治理论课教育教学的基本环节。高等学校思想政治理论课课程设置，要体现马克思主义与时俱进的理论品格，更好地适应时代发展的要求；要突出重点，更好地吸收理论和实践发展的最新成果；有利于更好地用马克思主义理论武装大学生头脑。

要以马克思主义中国化的理论成果毛泽东思想、邓小平理论和“三个代表”重要思想为中心内容，完善思想政治理论课课程体系。立足于对大学生进行系统的马克思列宁主义、毛泽东思想、邓小平理论和“三个代表”重要思想教育，进一步推动邓小平理论和“三个代表”重要思想进教材、进课堂、进大学生头脑工作，帮助学生掌握中国特色社会主义理论的科学体系和基本观点，指导学生运用马克思主义世界观和方法论去认识和分析问题。开展马克思主义人生观、价值观、道德观和法制观的教育，引导学生树立高尚的理想情操和养成良好的道德品质，树立体现中华民族优秀传统和时代精神的价值标准和行为规范。开展中国近现代史的教育，帮助学生了解国史、国情，深刻领会历史和人民是怎样选择了马克思主义，选择了中国

共产党，选择了社会主义道路。开展党的路线、方针和政策的教育，帮助学生正确认识国内外形势。通过充实教学内容，完善课程设置，形成结构合理、功能互补、相对稳定的课程体系。

四年制本科的课程设置：

4门必修课

1. 马克思主义基本原理

2. 毛泽东思想、邓小平理论和“三个代表”重要思想概论

3. 中国近现代史纲要

4. 思想道德修养与法律基础

同时，开设“形势与政策”课。

另外，开设“当代世界经济与政治”等选修课。

中宣部、教育部要在本科学生思想政治理论课课程体系基础上，进一步研究确定专科层次和硕士生、博士生层次的思想政治理论课课程设置。有关高等学校政治理论和财经类、政法类专业，开设思想政治理论课相关课程时，在覆盖思想政治理论课教学基本要求的前提下，可根据本“意见”的规定，与专业基础课统筹考虑。各成人高等学校和其他高等教育机构要参照上述规定，规范课程设置和教学内容。

五、抓紧组织编写高等学校思想政治理论课教材

高质量的教材是提高思想政治理论课教学水平的重要前提。教材建设要充分体现当代中国马克思主义发展的最新成果，全面反映党领导人民建设中国特色社会主义的生动实践和基本经验，全面反映在毛泽东思想、邓小平理论和“三个代表”重要思想指导下哲学社会科学研究的最新进展。

要进一步加强高等学校思想政治理论课教材编写的领导和管理，保证教材的科学性、权威性、严肃性。高等学校思想政治理论课教学大纲和教材编写纳入马克思主义理论研究和建设工程，中宣部、教育部负责教学大纲和教材编写工作，组织由学术带头人任首席专家，理论研究人员、教学人员以及实际工作部门同志组成的编写队伍，编写全国高等学校思想政治理论课教材。要建立高等学校思想政治理论课教材编审委员会，对教材进行审议。

要适应教学需要，组织编写和制作“精彩一课”、“教学热点难点解析”、多媒

体课件等行之有效的辅助教材系列，形成包括基本教材、配套教材和电子音像类教材等在内的立体化教材体系。

六、切实改进高等学校思想政治理论课教育教学的方式和方法

要充分发挥教师的主导作用，提高马克思主义理论的说服力和感染力。充分发挥学生学习的主体作用，激发学生学习的积极性和主动性。教学方式和方法要努力贴近学生实际，符合教育教学规律和学生学习特点，提倡启发式、参与式、研究式教学。要研究分析社会热点。要多用通俗易懂的语言、生动鲜活的事例、新颖活泼的形式，活跃教学气氛，启发学生思考，增强教学效果。

要精心设计和组织教学活动，认真探索专题讲授、案例教学等多种教学方法，积极推广名师大班讲授和小班辅导的教学经验，大力推进多媒体和网络技术的广泛应用，实现教学手段现代化。建立教学资料数据库，实现资源共享。

要加强实践教学。高等学校思想政治理论课所有课程都要加强实践环节。要建立和完善实践教学保障机制，探索实践育人的长效机制。围绕教学目标，制定大纲，规定学时，提供必要经费。加强组织和管理，把实践教学与社会调查、志愿服务、公益活动、专业课实习等结合起来，引导大学生走出校门，到基层去，到工农群众中去。要通过形式多样的实践教学活动，提高学生思想政治素质和观察分析社会现象的能力，深化教育教学的效果。

要改进和完善考试方法。采取多种方式，综合考核学生对所学内容的理解和实际表现，力求全面、客观反映大学生的马克思主义理论素养和道德品质。

七、努力造就一支高素质的高等学校思想政治理论课教师队伍

提高高等学校思想政治理论课教育教学质量和水平，关键在教师。高等学校思想政治理论课教师是马克思主义理论和党的路线、方针、政策的宣讲者，社会主义意识形态和精神文明的传播者，要不断提高马克思主义理论素养，提高科研能力和教学水平，做坚定的马克思主义者，做教书育人的表率，做大学生健康成长的指导者和引路人。要坚持正确的政治方向，加强思想道德修养，增强社会责任感，不断完善知识结构，提高教育教学能力。在事关政治原则、政治立场和政治方向问题上不能与党中央保持一致的，不得从事高等学校思想政治理论课教育教学工作。

要按照专兼结合的原则，不断优化和充实高等学校思想政治理论课教师队伍。

要按照学生人数以及教学任务，合理核定专任教师编制。要制定高等学校思想政治理论课教师任职资格标准，实行准入制度，完善激励和保障机制。思想政治理论课教学与学生思想政治教育要互相配合、互相促进。高等学校专任思想政治理论课教师要通过兼任班主任、辅导员等工作，承担思想政治教育工作任务。专任思想政治工作干部和辅导员有条件的可承担一定的思想政治理论课教学任务。要拓宽教师来源渠道，吸引和鼓励相关专业课的教师承担一定的思想政治理论课教学任务，促进专业课教师与思想政治理论课教师之间的交流。要聘请理论研究单位和实际工作部门的专家学者和领导干部开设专题讲座。有条件的高等学校要建立校际之间教授互聘、优势互补的教学协作机制。要注意发挥离退休的哲学社会科学著名专家学者在高等学校思想政治理论课教育教学中的作用。鼓励党政领导干部给大学生作形势政策报告。

要建立和完善思想政治理论课教师队伍培训体系，加强高等学校思想政治理论课教师队伍建设。采取脱产进修、攻读学位、名师指导、社会考察、国内外学术交流等措施，力争在5年内培训数百名学术带头人和数千名骨干教师。中宣部、教育部负责培训学术带头人，各地宣传部门、教育部门负责培训本地骨干教师，各高等学校负责培训本校教师，形成多层次、多渠道的培训格局。

八、切实加强和改进党对高等学校思想政治理论课的领导

各级党委、政府要把加强和改进高等学校思想政治理论课教育教学作为一项重要工作摆上议事日程。要高度重视，加强指导，加大投入，为高等学校思想政治理论课的建设和发展提供良好的条件。宣传部门、教育部门要把马克思主义学科作为重点学科、把思想政治理论课程作为重点课程加强建设，认真研究，及时解决思想政治理论课建设与发展中遇到的新情况新问题。组织部门、宣传部门、教育部门要把思想政治理论课教学质量作为高等学校党建和思想政治工作、教学工作评估的重要组成部分。要积极营造关心和支持思想政治理论课建设的良好社会氛围，对成绩突出的学校和教师予以表彰和奖励。

高等学校党委要切实负起政治责任，加强对思想政治理论课的领导。学校要有一名副书记和一名副校长主管思想政治理论课教学。学校宣传、教务、思想政治理论课教学单位等部门要各负其责，相互配合，共同做好思想政治理论课教育教学工作。

要改善和提高高等学校思想政治理论课教师的待遇。及时向高等学校思想政治理论课教师传达党和国家的有关文件和政策，在阅读有关文件资料方面提供便利。各地及高等学校在职务聘任、科研立项、国内外学习进修和物质待遇等方面要充分考虑思想政治理论课教师工作的特点，在政策上予以扶持。要落实高等学校思想政治理论课的人员编制、经费投入和教学科研条件，创造良好的工作环境。

中央宣传部　教育部关于印发
《普通高校思想政治理论课建设体系创新计划》的通知

教社科〔2015〕2号

各省、自治区、直辖市党委宣传部、党委教育工作部门、教育厅（教委），新疆生产建设兵团党委宣传部、教育局，有关部门（单位）教育司（局），教育部直属各高等学校：

现将《普通高校思想政治理论课建设体系创新计划》印发给你们，请结合本地本校实际情况，认真贯彻执行。各地各高校制定的实施方案和政策措施请及时报送教育部。

中央宣传部　教育部

2015年7月27日

普通高校思想政治理论课建设体系创新计划

为贯彻落实党的十八大和十八届三中、四中全会精神，贯彻落实习近平总书记系列重要指示精神，根据中共中央办公厅、国务院办公厅《关于进一步加强和改进新形势下高校宣传思想工作的意见》，特制定本计划。

一、充分认识办好高校思想政治理论课的重要性艰巨性

高校肩负着学习研究宣传马克思主义、培养中国特色社会主义事业建设者和接班人的重大任务。思想政治理论课是巩固马克思主义在高校意识形态领域指导地位，坚持社会主义办学方向的重要阵地，是全面贯彻落实党的教育方针，培养中国特色社会主义事业合格建设者和可靠接班人，落实立德树人根本任务的主干渠道，是进行社会主义核心价值观教育、帮助大学生树立正确世界观人生观价值观的核心课程。办好思想政治理论课，事关意识形态工作大局，事关中国特色社会主义事业后继有人，事关实现中华民族伟大复兴的中国梦，必须始终摆在突出位置，持之以恒、常抓不懈。

近些年来，在党中央坚强领导下，各部门和各地各高校认真实施新课程方案，采取一系列重大举措，全面加强和改进思想政治理论课，深入推进中国特色社会主义理论体系进教材进课堂进学生头脑。统一编写使用本专科4本教材和研究生5门

课程教学大纲。初步构建三级教师培训体系，队伍规模不断扩大，结构进一步优化。全面推进教学科研改革，优化教学内容，创新课堂教学形式，推广了一批行之有效的教学方法。设立马克思主义理论一级学科，为思想政治理论课建设提供坚实的学科支撑。思想政治理论课课程和教材建设进一步规范，教师队伍综合素质不断提高，课堂秩序和教学效果明显改善，大学生学习兴趣和满意程度得到提升，思想政治理论课建设的良好局面已经形成，为加强和改进大学生思想政治教育，维护高校改革发展稳定大局作出了重要贡献。

同时，也必须清醒地认识到，世界范围内各种思想文化交流交融交锋更加频繁，如何发挥正能量，增强对重大理论和现实问题的阐释力，在多元中确立主导，给思想政治理论课提出新的挑战。必须清醒地认识到社会思想意识更加多元多样多变，面对各种思潮和复杂的社会现象，如何运用马克思主义的立场观点方法在多样中求得共识，给思想政治理论课提出新的要求。

思想政治理论课建设自身也还存在许多困难和不足：一些地方和高校对思想政治理论课仍然重视不够，政策条件保障尚未落实到位，思想政治理论课在高校考核评价体系中的地位和作用不够突出；统筹推进教材修订完善、教师队伍建设、教学方法改革的意识不强，思想政治理论课建设体系尚未完全形成；教师队伍建设不适应思想政治理论课改革发展需求，整体素质亟待提升；改革创新的手段不多，制约思想政治理论课针对性实效性的瓶颈亟待突破；有效整合全社会资源的力度不够，思想政治理论课建设全员全方位全过程育人的格局仍需巩固。必须深入贯彻落实习近平总书记重要批示精神，充分认识思想政治理论课建设的重要性、长期性、艰巨性、复杂性，以执着的信念、坚定的信心，攻坚克难，勇于创新，切实把思想政治理论课办好。

二、高校思想政治理论课建设体系创新计划的指导思想、基本原则和目标任务

高校思想政治理论课建设体系创新计划的指导思想是：高举中国特色社会主义伟大旗帜，以马克思列宁主义、毛泽东思想、邓小平理论、“三个代表”重要思想、科学发展观为指导，深入贯彻落实党的十八大和十八届三中、四中全会精神，深入贯彻落实习近平总书记系列重要讲话精神，深入贯彻落实《关于进一步加强和改进新形势下高校宣传思想工作的意见》精神，全面贯彻党的教育方针，立足坚定大学

生对中国特色社会主义的道路自信、理论自信、制度自信，以教材体系、人才体系、教学体系建设为核心，以学科支撑体系、综合评价体系、条件保障体系建设为关键，以推动综合改革创新为动力，以问题为导向，以教育教学实效性为评价标准，进一步坚定信心，强化责任，系统规划，整体推进，落实思想政治理论课在高校立德树人工作中的战略地位，把培育和践行社会主义核心价值观融入教书育人全过程，为实现“两个一百年”奋斗目标、实现中华民族伟大复兴中国梦发挥应有的作用。

实施高校思想政治理论课建设体系创新计划的基本原则是：坚持理论与实际相结合，注重发挥实践环节的育人功能，创新推动学生实践教学和教师实践研修。坚持教学与科研相结合，努力探索攻克教学难关，强化马克思主义理论学科和科研对教学的支撑作用。坚持教师讲授与学生参与相结合，注重师生教学互动，充分调动学生学习的主动性积极性。坚持课堂教学与日常教育相结合，积极拓展思想理论教育渠道，创新发挥第二课堂的教育作用。坚持思想政治理论课与专业课相结合，注重发挥所有课程的育人功能，所有教师的育人职责。坚持校内与校外相结合，注重资源整合，探索建立全社会关心支持思想政治理论课建设的长效机制。

实施高校思想政治理论课建设体系创新计划的目标是：整体推进教材、教师、教学等方面综合改革创新，编写充分反映马克思主义中国化最新成果、教师好用学生爱读的系列教材，建设一支对马克思主义理论真学、真懂、真信、真用的教师队伍，培育推广理论联系实际、富有吸引力感染力的多种教学方法，重点建设一批教学科研皆强的马克思主义学院，逐步构建重点突出、载体丰富、协同创新的思想政治理论课建设体系，不断深化中国特色社会主义和中国梦教育，深入开展社会主义核心价值观教育，加强法治教育，坚持不懈地推动中国特色社会主义理论体系进教材、进课堂、进头脑，不断改善思想政治理论课教学状况，努力把思想政治理论课建设成为学生真心喜爱、终身受益、毕生难忘的优秀课程。

实施高校思想政治理论课建设体系创新计划的主要任务是：

——推进统编教材编写使用，编写教师参考用书、学生辅学读本、教学指导资料和理论普及读物等教学系列用书，构建面向教师和学生不同对象，辐射本专科生、研究生各个层次，涵盖纸质和数字化等多种载体，体现思想性、科学性、可读性相统一的立体化教材体系。

——提高专职教师队伍整体素质，广泛争取知名专家学者和党政领导干部的支持，注重发挥辅导员队伍的联动作用，健全完善选聘配备、培养培训、特聘教授等制度，建设一支理想信念坚定、师德高尚、理论功底扎实、教学效果良好的高水平思想政治理论课教师队伍，形成专兼结合、结构合理的教学人才体系。

——改革教学方法，创新教学艺术，倡导集体备课和名师引领，强化问题意识和团队攻关，注重发挥教与学两个积极性，形成第一课堂与第二课堂、理论教学与实践教学、课堂教学与网络教学相互支撑，理念手段先进、方式方法多样、组织管理高效的思想政治理论课教学体系。

——加强马克思主义理论学科规范化建设，凝炼学科方向，汇聚学科队伍，扩大学科影响，把马克思主义理论学科建设成为哲学社会科学优势学科，构建以马克思主义理论学科为引领，相关学科为补充，有效支撑思想政治理论课建设的学科体系。

——健全完善评价标准，明确评价导向，优化评价机制，坚持评建结合，管理与服务并重，紧密结合思想政治理论课教材、教师、教学等实际，构建有利于激发各方面积极性，全面系统、科学规范、运行有效的综合评价体系。

——建强独立二级机构，重点建设一批马克思主义学院，稳定经费投入渠道，强化高校党委责任，不断健全基本要求具体、责任分工明确、政策制度完善，有利于形成工作合力的思想政治理论课建设条件保障体系。

三、高校思想政治理论课建设体系创新计划的重点建设内容

（一）以统编教材为基础，建设思想性、科学性和可读性统一的思想政治理论课立体化教材体系

1. 大力推进统编教材编写使用。根据中央精神和教学实际需要，及时修订和使用好本专科 4 本教材和研究生 5 门课程教学大纲，组织制定《高校“形势与政策”课教育教学要点》。建立教材使用情况即时监测制度，跟踪分析师生对教材使用的意见建议，把师生评价作为教材修订重要标准，吸收一线师生参与教材修订工作。建立高校思想政治理论课教材研究中心，加强对教材内容和表述方式的研究，加强对思想政治理论课学术话语体系的研究，推动提高思想政治理论课教材编写质量和水平。编写马克思主义理论学科本科生和研究生核心课程教材。各地各高校要确保

思想政治理论课教学使用统编教材。

2. 编写完善教学系列用书。组织编写与本专科思想政治理论课统编教材相配套的教师参考书、疑难问题解析、教学案例解析、学生辅学读本等教学用书，更好地促进统编教材的使用。制定专科2门必修课程教学建议。编写研究生5门课程教学讲义。组织编发高校思想政治理论课教学活页。把《习近平总书记系列重要讲话读本》《中国特色社会主义学习读本》《马克思主义哲学十讲》和《世界社会主义五百年》等作为思想政治理论课教学重要参考书。开展对教材重点难点研究，完善教学系列用书编写体例，创新编写模式。加强编写队伍建设，形成老中青年相结合、学科背景相补充的梯队。各地各高校，特别是民族地区可以组织编写符合实际需要的思想政治理论课教学参考用书。

3. 切实推进优质教学资源共享。加强“高校思想政治理论课程网站”建设，完善网站建设机制，优化栏目设置，使之成为全国思想政治理论课教师共建共享共管的平台。成立全国思想政治理论课网站信息共享联盟，整合各地各高校优质网络教学资源。推动思想政治理论教育网络期刊建设，探索建立思想政治理论教育类优秀网络文章在科研成果统计、职务评聘方面的激励机制。建立文献共享资源库。建设一批教学资源研究实验室，系统总结凝炼优质教学资源。建立大学生思想政治理论课主题学习网站和微信公众账号学习平台，使之成为宣传展示学生理论学习成果的阵地。各地各高校要积极参与相关网站建设，采取切实措施推动本地本校教学资源共建共享。

（二）切实提高专职教师整体素质，建设专兼结合、结构合理的思想政治理论课教学人才体系

1. 建立思想政治理论课专职教师任职资格制度。制定思想政治理论课教师任职资格标准，把政治立场作为教师聘用的首要标准，严把教师聘用政治关。建立新进教师宣誓和专任教师定期网络注册制度。严格教师管理，在事关政治原则、政治立场和政治方向上不能与党中央保持一致的，或理论素质、教学水平达不到相应课程要求的，不得继续担任思想政治理论课教师。本科和专科院校分别严格按照1∶350～400和1∶550～600的师生比配足配强专职教师。各高校要结合思想政治理论课教师岗位实际合理确定选聘条件，加强后备人才储备，充分保障思想政治理论课

教学和科研用人需求。

2. 进一步完善教师培养培训制度。逐步健全完善国家示范培训、省级分批轮训、学校全员培训紧密衔接、相互补充的三级培训体系。统筹规划培训内容，系统设计培训形式，组织编写培训教材，凝炼形成满足不同层面需要的菜单式培训方案。中宣部、教育部举办骨干教师、新进教师、新修订教材使用、社会实践研修等示范培训。强化教学科研骨干培养，推进择优资助及国内高级访学计划，每年培养150名左右骨干。在高校哲学社会科学教学科研骨干研修班中增加思想政治理论课教师培训名额。实施教学科研团队择优支持计划。加强教育部高校思想政治理论课教师社会实践研修基地建设。将思想政治理论课教学科研骨干培养与干部队伍建设结合起来，支持教学科研骨干、马克思主义学院负责人到相关部门挂职或实践锻炼。探索运用网络开展远程培训，运用微信公众账号开展微培训，增强培训灵活性、时效性，扩大培训覆盖面。各地各高校要认真贯彻落实《普通高等学校思想政治理论课教师队伍培养规划（2013—2017年)》，研究制定具体实施计划。各高校每年对全体教师至少培训一次。

3. 建立高校思想政治理论课特聘教授制度。设立思想政治理论课兼职教师岗位，制定思想政治理论课特聘教授任职标准，聘请符合条件的专家学者、党政领导干部和先进人物等兼任思想政治理论课教师。教育部建立思想政治理论课特聘教授资源库，为各地各高校提供优质教师资源。规范思想政治理论课特聘教授管理，建立完善思想政治理论课特聘教授巡讲机制。各地各高校要根据实际制定相应政策，加大经费投入，实施好特聘教授制度。高校所有校领导要带头讲思想政治理论课。鼓励支持辅导员班主任骨干兼任思想政治理论课教师，鼓励支持思想政治理论课教师从事辅导员、班主任工作，推动两支队伍的有机融合。鼓励支持哲学社会科学教师参与思想政治理论课教学。

（三）积极培育和推广优秀教学方法，建设理念科学、形式多样、管理有效的思想政治理论课课堂教学体系

1. 培育推广优秀教学方法。选取若干所高校建立教学改革试验基地，统筹课堂教学、实践教学、网络教学建设，充分发挥课堂教学的主渠道作用和实践教学、网络教学的有效补充作用，积极开展高校思想政治理论课综合改革试点探索。依托教

学指导委员会制定教学方法改革建议，鼓励创新教学模式。实施教学方法改革项目“择优推广计划”，五年内遴选和培育100项形式新颖、效果良好、受学生欢迎的优秀思想政治理论课教学方法改革项目，完善项目遴选、培育和推广机制。各地各高校要积极推进专题教学，凝炼教学内容，强化问题意识，构建重点突出、贴近实际的教学体系。探索网络教学试点，开发思想政治理论课在线课程，组织大学生开展“同上一堂网络思政课”活动，建设一批名师名家网络示范课，推进优质网络教学资源建设。建立覆盖面广、代表性强的教学方法改革信息库，加强对教学方法改革的分析和研究，组织发布《高校思想政治理论课教学方法改革年度报告》。

2. 不断深化教学研究与理论研究。实施教学攻关行动计划，统筹社会专家资源建立教学改革智库，开展教学重点问题研究，建立教学热点难点定期搜集解答制度，为深化教学改革、增强教学效果提供有力支撑。实施集体备课制度，深入开展多种形式的教学讨论和辩论，加强对各门课程教学设计的研究，加强对不同课程之间内容衔接的研究。加强对教案编写、课件制作、课堂教学组织的研究，努力形成一批精彩教案、精彩课件，打造一批精彩课堂。设立“高校马克思主义理论教学与研究文库”出版资助项目，推出优秀马克思主义理论学科和思想政治理论课教学学术专著。各地各高校要积极鼓励广大教师开展理论研究，推动马克思主义中国化理论创新，研究回答重大理论和现实问题。

3. 切实加强教学管理。严格落实学分规定，不得以任何形式变相压减课时。合理设置教学规模，推行中班教学，班级规模原则上不超过100人。充分运用网络等现代技术手段，探索中班上课，小班研学讨论的教学模式。科学安排教学时间。实施教师听课互评互学制度，开展高校思想政治理论课教学观摩活动。坚持知行合一原则，创新考试考核办法，探索建立科学全面准确评价学生思想政治理论课学习效果的评价体系。各高校要健全学生评教制度，完善评教方式，合理运用评教结果。

（四）努力强化实践教学，建设与课堂教学相互促进的思想政治理论课第二课堂教学体系

1. 着力培育学生理论骨干和理论社团。实施卓越马克思主义理论人才培养计划，加强学生理论骨干培养。各地各高校要鼓励思想政治理论课名师担任青年马克思主义者培养工程培训专家。举办理论学习夏令营，开展“理论之星”评选活动，

鼓励学生学习马克思主义经典著作。加强对学生理论社团的引导，每个理论社团配备一位思想政治理论课教师担任指导老师。开展“高校优秀学生理论社团评选活动”，引导和鼓励学生通过自我学习、自我教育的方式拓展课堂教学成果。

2. 着力提高校园文化建设的理论品质。实施高校学生马克思主义自主学习行动计划，充分发挥学生理论学习的主体作用。结合思想政治理论课程学习，组织学生开展形式多样的文化艺术活动，举办马克思主义理论学习沙龙。围绕社会主义核心价值观课堂学习，开展高校学生多媒体创作展示活动。围绕思想政治理论课热点难点问题，组织开展全国高校学生系列主题理论学习讨论会，让学生围绕一些模糊认识在讨论中增进价值认同，增强理论自信。

3. 整合资源强化实践教学。制定印发《高校思想政治理论课实践教学大纲》，进一步规范实践教学。推动思想政治理论课实践教学与大学生社会实践活动有机结合，整合思想政治理论课教师和辅导员队伍，共同参与组织指导实践教学。各高校要健全组织管理方式，逐步形成学校思想政治理论课教学科研机构、宣传部、教务处、学工部、团委等部门协调配合的实践教学工作机制。积极争取社会各方面支持，整合实践教学资源，拓展实践教学形式，建设一批相对稳定的实践教学基地。注重总结实践教学成果，把优秀调研报告等作为课堂教学的补充材料。

（五）努力建强马克思主义理论学科，形成以马克思主义理论学科为引领、相关学科为补充的思想政治理论课学科支撑体系

1. 切实把马克思主义理论学科建成优势学科。制定马克思主义理论学科发展规划，以马克思主义理论学科优先发展、优势发展、优质发展带动高校哲学社会科学繁荣发展，更充分发挥高校哲学社会科学育人功能。推进马克思主义理论学科基础理论和重大问题年度主题研究，制定学科人才培养指导方案，编写《高校马克思主义理论学科年度报告》。规范马克思主义理论学科本科生、硕士生、博士生培养工作，探索建立本硕博相衔接的人才培养体系。通过“长江学者奖励计划”等人才计划，大力培养马克思主义理论学科领军人才。推动建设马克思主义理论学科国家级协同创新中心，搭建高端马克思主义理论教育和研究平台。加强马克思主义理论研究类刊物建设，拓展马克思主义理论研究成果交流宣传阵地，办好《马克思主义研究》《思想理论教育导刊》《马克思主义与现实》等一批重点刊物，并作为高校思想

政治理论课教师评聘职务职称的核心期刊。高校文科学报应开设思想政治理论课研究栏目。

2. 发挥哲学社会科学其他学科的支撑作用。深入推进哲学社会科学教学科研骨干研修工作，组织广大哲学社会科学教师系统学习马克思主义理论和党的路线方针政策。各高校要支持马克思主义理论学科与其他学科开展交叉研究，形成一批具有学科特色和广泛影响的理论创新成果。注重哲学社会科学研究成果在思想政治理论课教学中的运用，定期向思想政治理论课教师摘发参考资料。推动马克思主义中国化最新成果的普及教育研究，组织哲学社会科学专家编写一批通俗理论读物，创作一批音像作品，为思想政治理论课提供鲜活、生动、接地气的教学素材。

（六）坚持管理与激励并重，建设导向明确、系统完善的思想政治理论课综合评价体系

1. 规范思想政治理论课宏观管理。修订《高校思想政治理论课建设标准》，建立定期督查制度与跨省区市交叉检查制度，组织专家开展抽查，及时公示督查结果，完善督查结果反馈与整改约谈机制。健全马克思主义理论学科学位授权点建设评估制度，建立动态建设机制，达不到建设要求的限期整改或撤销学位授权点。构建思想政治理论课教学质量测评工作体系，建立若干个教学质量观测点，即时动态掌握思想政治理论课教学状况，完善教学质量测评机制。

2. 健全教师考核评价制度。改革教学和科研评价方式，将课堂教学质量等作为重要评价标准，鼓励教师把主要精力放在研究教学内容、创新教学方法、提高教学实效上。要探索建立符合思想政治理论课教师职业特点的职务职称评聘标准，提高教学和教学研究占比，引导和鼓励思想政治理论课教师将更多时间和精力投入到教学中。

3. 完善先进典型宣传表彰机制。积极选树思想政治理论课教师、教学科研二级机构先进典型，推选年度影响力人物、教学名师、教学能手和优秀团队。探索建立思想政治理论课荣誉教师制度，宣传长期从事思想政治理论课教学的一线优秀教师先进事迹。各地各高校要完善思想政治理论课建设激励办法，逐步形成国家、地方和高校三级激励机制。

（七）切实加强统筹协调，建设有利于形成工作合力的思想政治理论课条件保障体系

1. 加强机构建设，建好高校马克思主义学院。研究制订马克思主义学院建设标准，推进思想政治理论课教学科研机构科学规范建设。实施重点马克思主义学院建设工程，建设一批集马克思主义理论学习教育、研究宣传、人才培养于一体的高水平马克思主义学院，使之成为办好高校思想政治理论课的坚强战斗堡垒。各地宣传、教育部门要整合资源，推动社会力量共建高校马克思主义学院。深入推进直属于学校领导的独立二级教学科研机构建设。规范二级机构职能定位，统一管理全校本专科、研究生思想政治理论课（包括"形势与政策"课）教学，统一负责马克思主义理论学科建设，统一管理思想政治理论课教师队伍。加强二级机构领导班子建设，班子成员应是中共党员，且从事马克思主义理论学科研究和思想政治理论课教学。

2. 加大投入力度，完善体系创新的条件保障。体系创新计划有关经费纳入马克思主义理论研究和建设工程。各地各高校要加大思想政治理论课建设专项经费投入，并随学校经费的增长逐年增加。其中，本科院校按本硕博全部在校生总数每生每年不低于 20 元的标准，专科院校按在校生总数每生每年不低于 15 元的标准列支教师学术交流、实践研修等培养培训费用。努力提高思想政治理论课教师待遇，确保教师收入不低于本校教师平均水平。优化思想政治理论课二级机构办公环境，配备必要的现代化办公设施，提供充分的教学科研资料，加强信息化建设。

3. 加强组织领导，确保思想政治理论课优先发展。中宣部、教育部负责本计划的组织实施，定期研判形势，及时研究解决新情况新问题。制定思想政治理论课结对对口支援计划，推动思想政治理论课均衡发展。加强高校思想政治理论课教学指导委员会建设，充分发挥其研究、咨询、评价、指导和服务作用。各地宣传、教育部门要研究制定落实本计划的详细实施方案。高校党委书记是思想政治理论课建设的第一责任人，党委书记、校长和分管校领导要切实负起政治责任和领导责任，确保在学校发展规划、经费投入、公共资源使用中优先保障思想政治理论课建设，在人才培养、科研立项、评优表彰、职务评聘等方面优先支持思想政治理论课教师，真正落实思想政治理论课在学校教育教学体系中的重点建设地位。

教育部关于印发《新时代高校思想政治理论课教学工作基本要求》的通知

教社科〔2018〕2号

各省、自治区、直辖市党委教育工作部门、教育厅（教委），新疆生产建设兵团教育局，部属各高等学校：

为深入贯彻落实习近平新时代中国特色社会主义思想和党的十九大精神，进一步巩固马克思主义在高校意识形态领域的指导地位，坚持社会主义办学方向，全面贯彻党的教育方针，加强新时代高校思想政治理论课建设，全面推动习近平新时代中国特色社会主义思想进教材进课堂进学生头脑，培养担当民族复兴大任的时代新人，我部研制了《新时代高校思想政治理论课教学工作基本要求》。现印发给你们，请参照执行。

教育部

2018年4月12日

新时代高校思想政治理论课教学工作基本要求

思想政治理论课承担着对大学生进行系统的马克思主义理论教育的任务，是巩固马克思主义在高校意识形态领域指导地位、坚持社会主义办学方向的重要阵地，是全面贯彻党的教育方针、落实立德树人根本任务的主干渠道和核心课程，是加强和改进高校思想政治工作、实现高等教育内涵式发展的灵魂课程。党的十八大以来，以习近平同志为核心的党中央高度重视思想政治理论课建设，作出一系列重大决策部署，思想政治理论课建设在改进中不断加强，课堂教学状况显著改善，大学生学习思想政治理论课的获得感明显增强。中国特色社会主义进入新时代，对高校思想政治理论课发挥育人主渠道作用提出了新的更高要求。为继续打好提高思想政治理论课质量和水平的攻坚战，坚持不懈传播马克思主义科学理论，讲清讲透习近平新时代中国特色社会主义思想的时代背景、重大意义、科学体系、精神实质、实践要求，全面推动习近平新时代中国特色社会主义思想进教材进课堂进学生头脑，打牢大学生成长成才的科学思想基础，引导大学生树立正确的世界观、人生观、价值观，不断提高大学生对思想政治理论课的获得感，现就教学工作提出以下基本要求。

1. 明确指导思想。高举中国特色社会主义伟大旗帜，以马克思列宁主义、毛泽东思想、邓小平理论、“三个代表”重要思想、科学发展观、习近平新时代中国特色社会主义思想为指导，全面贯彻党的教育方针，落实立德树人根本任务，把高校思想政治理论课教学工作摆在更加突出的位置，更加重视加强和改进教学管理，更加重视提升教学质量，不断提升思想政治理论课的亲和力和针对性，全面推动习近平新时代中国特色社会主义思想进教材进课堂进学生头脑，牢固树立“四个意识”，坚定“四个自信”，培养德智体美全面发展的中国特色社会主义合格建设者和可靠接班人，培养担当民族复兴大任的时代新人。

2. 坚持基本原则。（1）坚持正确政治方向，强化思想政治理论课价值引领功能；（2）坚持全流程管理，贯穿思想政治理论课课前、课中、课后各环节；（3）坚持规范化建设，不断健全思想政治理论课教学工作制度；（4）坚持增强获得感，促进思想政治理论课教学有虚有实、有棱有角、有情有义、有滋有味。

3. 严格落实学分。本科生“马克思主义基本原理概论”（以下简称“原理”）课 3 学分、“毛泽东思想和中国特色社会主义理论体系概论”（以下简称“概论”）课 5 学分、“中国近现代史纲要”（以下简称“纲要”）课 3 学分、“思想道德修养与法律基础”（以下简称“基础”）课 3 学分、“形势与政策”课 2 学分。专科生“概论”课 4 学分、“基础”课 3 学分、“形势与政策”课 1 学分。

硕士研究生“中国特色社会主义理论与实践研究”课 2 学分，同时须从“自然辩证法概论”课和“马克思主义与社会科学方法论”课中选择 1 门作为选修课程，占 1 学分。博士研究生“中国马克思主义与当代”课 2 学分，同时可开设“马克思恩格斯列宁经典著作选读”课（列入学校博士生公共选修课）。鼓励各地各高校结合实际开设思想政治理论课选修课。

从本科思想政治理论课现有学分中划出 2 个学分、从专科思想政治理论课现有学分中划出 1 个学分，开展本专科思想政治理论课实践教学。学生既可通过参加教师统一组织的实践教学获得相应学分，也可通过提交与思想政治理论课学习相关的实践成果申请获得相应学分。网络教学作为思想政治理论课辅助手段，不得挤占课堂教学时数。

4. 合理安排教务。思想政治理论课各门课程应有序衔接，原则上本科生先学习

“基础”课、“纲要”课，再学习“原理”课、“概论”课；专科生先学习“基础”课，再学习“概论”课；本专科生每学期必修“形势与政策”课。原则上晚间和周末不安排思想政治理论课必修课。应避免教师周课时安排过于集中。应综合考虑学生专业背景组织思想政治理论课教学班，积极推行100人以下的中班教学，大力提倡中班教学、小班研讨的教学模式，逐步消除大班额现象。

5. 规范建设教研室（组）。本专科思想政治理论课教学应按课程分别设置教研室（组），研究生思想政治理论课教学可结合实际设置教研室（组）。思想政治理论课教学科研二级机构的所有教师都要明确所属教研室（组），承担相应的思想政治理论课教学任务。教研室（组）具体负责本课程的教学管理工作。按照师生比不低于1∶350的比例设置专职思想政治理论课教师岗位，为每个教研室（组）配足师资。可以返聘高水平思想政治理论课退休教师继续承担一定的教学工作。本科院校按在校本硕博全部在校生总数每生每年不低于20元，专科院校每生每年不低于15元的标准提取专项经费，加强以教研室（组）为单位开展教师学术交流、实践研修等。思想政治理论课兼职教师、特聘教授，要由相应的教研室（组）规范管理。

6. 统一实行集体备课。教研室（组）要依据马克思主义理论研究和建设工程统编思想政治理论课最新版教材和教学大纲定期组织集体备课，准确把握教材基本精神，研究确定教学进度和内容，形成统一的参考教案。思想政治理论课教学科研二级机构要定期组织全员集体备课，集中研讨教学共性问题，促进各门课程有效衔接。要组织教师集中学习党中央重大方针政策和决策部署，及时将党的理论创新最新成果贯穿融入教学，充分体现课程的思想性理论性时效性。

7. 创新集体备课形式。要丰富集体备课载体，通过多种方式有针对性地增强集体备课效果。要组织新任职教师进行试讲，加强对新任职教师的教学指导。要组织骨干教师讲示范课，加强对其他教师的引领带动。要组织教学经验丰富的教师说课，加强广大教师对思想政治理论课教学规律的把握。要组织教师互相听课，促进思想政治理论课教师互学互鉴。要推动思想政治理论课教师在有条件的情况下兼职担任辅导员、班主任，充分了解学生思想政治状况，提高备课针对性。要注重运用新媒体新技术开展集体备课，提升集体备课效果。

8. 严肃课堂教学纪律。要保证思想政治理论课教师在课堂教学中始终坚持马克思主义立场观点方法，在政治立场、政治方向、政治原则、政治道路上同以习近平同志为核心的党中央保持高度一致，坚定不移维护党中央权威和集中统一领导。进一步加强课堂教学秩序管理，确保学生到课率，为高质量开展教学提供保障。进一步完善教学事故认定及处理办法，把课堂教学纪律的要求落到实处。

9. 科学运用教学方法。要鼓励思想政治理论课教师结合教学实际、针对学生思想和认知特点，积极探索行之有效的教学方法，自觉强化党的理论创新成果的学理阐释，努力实现思想政治理论课教学“配方”先进、“工艺”精湛、“包装”时尚。要加大对优秀教学方法的推广力度，注重用点上的经验带动面上的提升。课堂教学方法创新要坚持以学生为主体，以教师为主导，加强生师互动，注重调动学生积极性主动性。实践教学作为课堂教学的延伸拓展，重在帮助学生巩固课堂学习效果，深化对教学重点难点问题的理解和掌握。要制定实践教学大纲，整合实践教学资源，拓展实践教学形式，注重实践教学效果。网络教学作为课堂教学的有益补充，重在引导学生学习基本知识、基本理论等内容。要深入研究网络教学的内容设计和功能发挥，不断创新网络教学形式，推动传统教学方式与现代信息技术有机融合。

10. 改进完善考核方式。要采取多种方式综合考核学生对所学内容的理解和实际运用，注重考查学生运用马克思主义立场观点方法分析、解决问题的能力，力求全面、客观反映学生的马克思主义理论素养和思想道德品质。坚持闭卷统一考试为主，与开放式个性化考核相结合，注重过程考核。闭卷统一考试须集体命题，不断更新题库，提高命题质量。开放式个性化考核应具有严格的组织流程和明确可操作的考核评价标准。要合理区分学生考核档次，避免考核走形式，引导学生更加重视思想政治理论课学习。各门课程均须先学后考，不得以考代学。应优先安排思想政治理论课成绩优良的学生入党积极分子参加党校学习。

11. 强化科研支撑教学。要引导思想政治理论课教师围绕马克思主义理论一级学科所属相应二级学科开展科学研究，凝练形成与所教课程紧密相关的科研方向，深入研究课程教学重点难点问题和教学方法改革创新。要支持思想政治理论课教师将研究成果作为重要教学资源，有机融入课堂教学。要进一步完善思想政治理论课教师科研评价机制，将科研成果在教学中的转化情况作为重要考核指标。

12. 健全听课指导制度。建立校、省、部三级听课制度。高校党委书记、校长，分管思想政治理论课建设和分管教学、科研工作的校领导，对每门思想政治理论课必修课，每人每学期至少听1次课；思想政治理论课教学科研二级机构领导班子每位成员，在一个任期内要对所有授课教师做到听课全覆盖。省级教育部门每学年要组织专家对属地高校开展全覆盖听课，总体上要覆盖各门思想政治理论课，并形成本地高校思想政治理论课课堂教学状况报告。教育部高校思想政治理论课教学指导委员会要组织专家开展随机听课，研制发布全国高校思想政治理论课教学状况年度报告。

13. 综合评价教学质量。要建立健全多元评价机制，采用教师自评、学生评价、同行评价、督导评价、社会评价等多种方式，对教师教学质量进行综合评价。合理运用教师教学质量评价结果，在教师职务职称评聘标准中提高教学和教学研究占比，评价结果与绩效考核和津贴分配等挂钩，引导和鼓励思想政治理论课教师将更多时间和精力投入到教学中。可基于评价结果探索建立思想政治理论课教师课堂教学退出机制。

14. 落实高校主体责任。高校党委书记要落实思想政治理论课建设第一责任人责任，校长要切实负起政治责任和领导责任，进一步完善思想政治理论课教学工作制度，建立健全教学督导机制，面向全体思想政治理论课教师、全部思想政治理论课课堂，全面提升思想政治理论课教学质量。高校要建立思想政治理论课教学科研二级机构牵头，宣传、教务、学工、科研、财务、人事等部门共同配合的思想政治理论课教学管理体制，建立健全教学管理制度体系，推动各类课程与思想政治理论课同向同行，形成协同效应。

15. 强化地方统筹管理。各地党委教育工作部门要加强对属地高校思想政治理论课教学工作的统筹管理，结合实际制定政策、创造条件，消除思想政治理论课教学工作中的薄弱环节，注重从整体上提升思想政治理论课教学质量。原则上各地都要分课程组建思想政治理论课教学指导委员会，建立教学热点难点定期搜集解答制度，组织专家深入一线精准指导，确保教学指导工作贯穿教学全过程、覆盖全体教师。要及时总结属地高校思想政治理论课教学工作经验，宣传推广教学工作先进典型，为加强和改进思想政治理论课教学工作、提升教学质量营造良好环境和氛围。

16. 加强全国宏观指导。教育部高校思想政治理论课教学指导委员会要发挥好咨询、研判、督查、评估、培训、示范、指导、引领等作用，组织专家建好“全国高校思想政治理论课教师网络集体备课平台”，研制发布各门课程专题教学指南，加强对教学重点难点问题研究解答，开展精品课程教学展示活动，及时发布各门课程教学建议。要统筹好思想政治理论课教师理论培训和实践研修，加大教师社会实践的力度。要适时开展思想政治理论课教学情况督查，推动各方面把教学管理责任落到实处。

教育部关于印发《高等学校思想政治理论课建设标准（2021年本）》的通知

教社科〔2021〕2号

各省、自治区、直辖市教育厅（教委），新疆生产建设兵团教育局，有关部门（单位）教育司（局），部属各高等学校、部省合建各高等学校：

为进一步加强高校思想政治理论课的宏观指导，规范组织管理、教学管理、队伍管理和学科建设，我部对2015年颁布的《高等学校思想政治理论课建设标准（暂行）》（教社科〔2015〕3号）进行了修订。现将修订后的《高等学校思想政治理论课建设标准（2021年本）》印发给你们，请遵照执行。原《高等学校思想政治理论课建设标准（暂行）》（教社科〔2015〕3号）

同时废止。

教育部

2021年11月30日

高等学校思想政治理论课建设标准（2021 年本）

一级指标	二级指标	三级指标	指标类型	责任部门
组织管理	领导体制	1. 学校党委直接领导，支持校行政负责实施。分管校领导具体负责，并成立相应的领导机构。坚持把从严管理和科学治理结合起来，增强“四个意识”、坚定“四个自信”、做到“两个维护”	A*	学校党委、行政领导
	工作机制	2. 校党委（常委）会议、校长办公会每学期至少召开一次专题会议研究思想政治理论课建设，解决突出问题，在工作格局、队伍建设、支持保障等方面采取有效措施，会议决议能够及时落实	A	学校党委、行政领导
		3. 建立学校党委书记、校长带头抓思想政治理论课机制。党委书记、校长作为第一责任人，带头听课讲课，带头推动思想政治理论课建设，带头联系思想政治理论课教师，每学年到思想政治理论课教研部门开现场办公会至少 1 次，听取思想政治理论课教学工作汇报，解决实际问题。学校党政主要负责同志每学期至少给学生讲授 4 个课时思想政治理论课。高校领导班子其他成员每学期至少给学生讲授 2 个课时思想政治理论课。党委书记、校长及分管思想政治理论课建设、教学、科研工作的校领导每学期至少听 1 课时思想政治理论课	A*	
		4. 把思想政治理论课建设列入学校事业发展规划，纳入学校党的建设工作考核、办学质量和学科建设评估标准体系，作为学校重点课程建设。有条件的本科院校同时应作为重点学科建设，每年至少进行一次专项督查。思想政治理论课建设情况纳入领导班子考核和政治巡视	A	
		5. 学校宣传、人事、教务、研究生院（处）、财务、科研、学生处、团委等党政部门和思想政治理论课教学科研机构各负其责，相互配合，落实思想政治理论课教育教学、学科建设、人才培养、科研立项、社会实践、经费保障等各方面政策和措施	A	学校党委、行政领导及有关部门
	机构建设	6. 独立设置直属学校领导的、与学校其他二级院（系）行政同级的思想政治理论课教学科研组织二级机构，承担全校本、专科学生和研究生思想政治理论课教学任务，统一管理思想政治理论课教师。有马克思主义理论学科点的机构同时应作为马克思主义理论学科点的依托单位，承担马克思主义理论科学研究、学科建设、研究生培养等工作	A*	学校党委、行政领导
		7. 配齐二级机构领导班子，思想政治理论课教学科研机构负责人应当是中共党员，并有长期从事思想政治理论课教学或者马克思主义理论学科研究的经历，不得兼任其他二级院（系）的主要负责人	A*	学校党委、行政领导及有关部门
		8. 与专业院系同等配备办公用房和教学设备、基本图书资料、国内外主要社科期刊、声像资料、教学课件以及办公设备等，满足教学及办公需要	B	

续表

一级指标	二级指标	三级指标	指标类型	责任部门
组织管理	专项经费	9. 学校在保障思想政治理论课教学科研机构正常运转的各项经费的同时，本科院校按在校本硕博全部在校生总数每生每年不低于40元，专科院校每生每年不低于30元的标准提取专项经费，用于教师学术交流、实践研修等，并随着学校经费的增长逐年增加。专项经费安排使用明确，专款专用	A*	学校党委、行政领导及财务部门
教学管理	管理制度	10. 教学管理制度健全，建立备课、听课制度以及教学内容和教学质量监控制度，认真执行各项管理规章制度，检查、评价制度等。教学档案齐全	B	教务处思想政治理论课教学科研机构
	课程设置	11. 按照中央确定的最新方案，落实课程和学分及对应的课堂教学学时，无挪用或减少课时的情况	A*	教务处研究生院（处）
		12. 积极创造条件开设本科生和研究生层次思想政治理论课选修课。要重点围绕习近平新时代中国特色社会主义思想，党史、新中国史、改革开放史、社会主义发展史，宪法法律，中华优秀传统文化等设定课程模块，开设系列选择性必修课程	A	
	教材使用	13. 使用最新版马克思主义理论研究和建设工程重点教材为思想政治理论课统编教材	A	教务处研究生院（处）
		14. “形势与政策”课要根据教育部下发的教学要点组织教学，选用中宣部和教育部组织制作的《时事报告（大学生版）》和《时事》DVD作为学生学习辅导资料	B	
	课堂教学	15. 课堂规模一般不超过100人，推行中班教学，倡导中班上课、小班研学讨论的教学模式	A	教务处
		16. 合理安排课堂教学时间	B	
	实践教学	17. 实践教学纳入教学计划，统筹思想政治理论课各门课的实践教学，落实学分（本科2学分，专科1学分）、教学内容、指导教师和专项经费。实践教学覆盖全体学生，建立相对稳定的校外实践教学基地	B	教务处财务处学生处团委思想政治理论课教学科研机构
	改革创新	18 深化思想政治理论课改革创新，坚持政治性和学理性相统一、价值性和知识性相统一、建设性和批判性相统一、理论性和实践性相统一、统一性和多样性相统一、主导性和主体性相统一、灌输性和启发性相统一、显性教育和隐性教育相统一，积极探索教学方法改革、优化教学手段，不断增强思想政治理论课的思想性、理论性和亲和力、针对性	A	思想政治理论课教学科研机构教务处
		19. 建设“大思政课”，调动各种资源用于思想政治理论课建设，把思政小课堂与社会大课堂相结合，突出实践教学，将生动鲜活的实践引入课堂教学，将课堂设在生产劳动和社会实践一线，全面提升育人效果	A	
		20. 改革考试评价方式，建立健全科学全面准确的考试考核评价体系，注重过程考核和教学效果考核	B	

续表

一级指标	二级指标	三级指标	指标类型	责任部门
教材使用	教学成果	21．列入校级教学成果类奖系列评选之中，并积极组织推荐参评校级以上教学评选活动	B	教务处
队伍管理	政治方向	22．建设一支政治强、情怀深、思维新、视野广、自律严、人格正的思想政治理论课教师队伍。思想政治理论课教师应坚持正确的政治方向，有扎实的马克思主义理论基础，在政治立场、政治方向、政治原则、政治道路上同以习近平同志为核心的党中央保持高度一致	A*	人事处思想政治理论课教学科研机构
	师德师风	23．思想政治理论课教师具有良好的思想品德、职业道德、责任意识和敬业精神，无学术不端、教学违纪现象	A	人事处思想政治理论课教学科研机构
	教师选配	24．学校应建设专职为主、专兼结合、数量充足、素质优良的思想政治理论课教师队伍，严格按照师生比不低于1:350的比例核定专职思想政治理论课教师岗位，在编制内配足，且不得挪作他用	A	人事处
		25．兼职教师具有硕士研究生以上学历（专科院校兼职教师具有本科以上学历）和相关专业背景，按学校有关规定考核合格	B	
		26．新任专职教师原则上应是中共党员，并具备马克思主义理论相关学科背景硕士以上学位	A	
		27．实行不合格思想政治理论课教师退出机制	B	
	培养培训	28．统一实行集体备课，集中研讨提问题、集中培训提素质、集中备课提质量。新任专职教师必须参加省级岗前培训；所有专职教师应积极参加省级或中宣部、教育部组织的示范培训或课程培训或骨干研修。学校每年对全体教师至少培训一次		教学科研机构
		29．每学年至少安排1/4的专职教师开展学术交流、实践研修或学习考察活动。有条件的学校可以开展国（境）外学术交流和实践研修，但不作为评聘职称硬性要求	B	
		30．安排专职教师进行脱产或半脱产进修，每人每4年至少一次	B	
		31．鼓励支持专职教师攻读马克思主义理论相关学科学位。实施好思想政治理论课教师在职攻读马克思主义理论博士学位专项计划	B	
	职务评聘	32．学校在专业技术职务（职称）评聘工作中，要单独设立马克思主义理论类别，校级专业技术职务（职称）评聘委员会要有同比例的马克思主义理论学科专家。按教师比例核定思想政治理论课教师专业技术职务（职称）各类岗位占比，高级专业技术职务（职称）岗位比例不低于学校平均水平，指标不得挪作他用	A	人事处
		33．制定实施符合思想政治理论课教师职业特点的（职务）职称评聘标准，提高教学和教学研究占比。要将思想政治理论课教师在中央和地方主要媒体上发表的理论文章纳入学术成果范畴。被有关部门采纳并发挥积极作用的理论文章、调研报告等应作为专业技术职务（职称）评定的依据	B	

续表

一级指标	二级指标	三级指标	指标类型	责任部门
队伍管理	经济待遇	34. 思想政治理论课教师的岗位津贴和课时补助等纳入学校内部分配体系统筹考虑，思想政治理论课教师工作量、课酬计算标准与其他专业课教师一致，教师的实际平均收入不低于本校教师的平均水平，相应核增学校绩效工资总量	A	人事处 教务处
	表彰评优	35. 纳入学校各类教师表彰体系中，并为思想政治理论课教师确定一定比例，进行统一表彰	B	人事处
学科建设	学科点建设	36. 马克思主义理论学科点设在思想政治理论课教学科研机构，首要任务是为思想政治理论课教育教学服务。紧紧围绕马克思主义理论一级学科及其所属二级学科开展科研，从整体上研究马克思主义基本原理和科学体系、深入研究马克思列宁主义、毛泽东思想、邓小平理论、“三个代表”重要思想、科学发展观，深入研究习近平新时代中国特色社会主义思想；深入研究中国特色社会主义重大理论和实践问题；深入研究思想政治理论课教学重点难点问题和教学方法改革创新	A*	人事处科研处 教务处研究生院（处）
		37. 除马克思主义理论学科下属的本科专业外，马克思主义理论学科点不办其他本科专业。统筹推进马克思主义理论学科本硕博一体化人才培养，积极承担“高校思想政治理论课教师队伍后备人才培养专项支持计划”任务	A*	
		38. 马克思主义理论学科的学术骨干必须是思想政治理论课的教学骨干。每一位导师至少承担一门思想政治理论课的教学任务	A	
	科研工作	39. 设立思想政治理论课教育教学研究专项课题。创造条件支持思想政治理论课教师申报各级各类课题，参评各种科研成果奖等，鼓励教师围绕教材和教学中的重点、难点问题发表论文、出版专著。在校报、校刊设置思想政治理论课教研科研专栏	B	教务处科研处思想政治理论课教学科研机构
特色项目	教学改革特色项目	40. 开展思想政治理论课教学改革与创新，并取得显著成果，其经验在全国或全省得到一定推广	B	宣传部 教务处 思想政治理论课教学科研机构
	其他	41. 能够推动思想政治理论课建设工作的其他有特色的项目	B	

说明：

1. 关于指标类型。建设指标分 A*、A、B 三类，共 41 项，其中 A* 为核心指标（9 项），A 为重点指标（14 项），B 为基本指标（18 项）。

2. 关于评价标准。本科院校 A* 指标 9 项、A 类指标 12 项以上、B 类指标 14 项以上达标方可认定合格；专科院校 A* 指标 7 项、A 类指标 10 项以上、B 类指标 13 项以上达标方可认定合格。

3. 关于教师类别。专职教师是指编制在思想政治理论课教学科研机构且从事思想政治理论课教学科研工作的教师；兼职教师是指编制属其他教学机构或管理部门（单位）的教师。

教育部等十部门关于印发《全面推进“大思政课”建设的工作方案》的通知

教社科〔2022〕3号

现将《全面推进“大思政课”建设的工作方案》印发给你们，请认真贯彻执行。

教育部　中共中央宣传部　中共中央网络安全和信息化委员会办公室

科学技术部　工业和信息化部　生态环境部

国家卫生健康委　国家文物局

国家乡村振兴局　中国关心下一代工作委员会

2022年7月25日

全面推进“大思政课”建设的工作方案

为深入贯彻落实习近平总书记关于“大思政课”的重要指示批示和在中国人民大学考察时的重要讲话精神，贯彻落实中共中央、国务院《关于新时代加强和改进思想政治工作的意见》，中共中央办公厅、国务院办公厅印发的《关于深化新时代学校思想政治理论课改革创新的若干意见》和中共中央办公厅《关于加强新时代马克思主义学院建设的意见》精神，坚持不懈用习近平新时代中国特色社会主义思想铸魂育人，制定本工作方案。

一、总体要求

党的十八大以来，特别是习近平总书记亲自主持召开学校思想政治理论课教师座谈会以来，思政课在党中央治国理政战略全局中的地位日益凸显，发展环境和整体生态发生根本性转变，习近平新时代中国特色社会主义思想铸魂育人成效明显，思政课建设、日常思想政治工作、课程思政全面推进。同时，一些地方和学校对“大思政课”建设的重视程度不够，开门办思政课、调动各种社会资源的意识和能力还不够强，课程教材体系还需要进一步完善，有的学校教师数量不足、质量不高，对实践教学重视不够，有的课堂教学与现实结合不紧密，大中小学思政课一体化建设亟需深化，有的学校第二课堂重活动轻引领，课程思政存在“硬融入”“表面化”等现象。

全面推进“大思政课”建设，要坚持以习近平新时代中国特色社会主义思想为指导，聚焦立德树人根本任务，推动用党的创新理论铸魂育人，不断增强针对性、提高有效性，实现入脑入心。坚持开门办思政课，强化问题意识、突出实践导向，充分调动全社会力量和资源，建设“大课堂”、搭建“大平台”、建好“大师资”，建设全国高校思政课教研系统，设立一批实践教学基地，推出一批优质教学资源，做优一批品牌示范活动，支持建设综合改革试验区，推动思政小课堂与社会大课堂相结合，推动各类课程与思政课同向同行，教育引导学生坚定“四个自信”，成为堪当民族复兴重任的时代新人。

二、改革创新主渠道教学

1. 建构党的创新理论研究阐释和教育教学的自主知识体系。各高校全面开设“习近平新时代中国特色社会主义思想概论”课。中央宣传部、教育部编写习近平新时代中国特色社会主义思想概论课教材。教育部实施习近平新时代中国特色社会主义思想研究重大专项，加强习近平新时代中国特色社会主义思想系统化学理化和分领域分专题研究，将习近平新时代中国特色社会主义思想有机融入全面贯穿哲学社会科学各学科知识体系。

2. 建强思政课课程群。各地各校加强以习近平新时代中国特色社会主义思想为核心内容的课程群建设，形成必修课加选修课的课程体系。高校要统筹全校力量，结合自身实际，重点围绕习近平经济思想、习近平法治思想、习近平生态文明思想、习近平强军思想、习近平外交思想以及“四史”、宪法法律、中华优秀传统文化等设定课程模块，开设选择性必修课程。

3. 优化思政课教材体系。落实系列重大主题教育指南和纲要，深入推进习近平总书记在地方工作期间的重大实践、视察地方和学校重要论述进课程教材。及时修订思政课统编教材，将党的创新理论最新成果有机融入各门思政课。编写马克思、恩格斯、列宁关于哲学社会科学及各学科重要论述摘编。持续推进新时代马克思主义理论研究和建设工程重点教材建设。

4. 拓展课堂教学内容。教育部组织制作“思政课导学”课件、讲义、专题片等，帮助教师讲深讲透讲活学好思政课的重要意义。各地各校围绕新时代的伟大实践，充分挖掘地方红色文化、校史资源，将伟大建党精神和抗疫精神、科学家精神、载人航天精神等伟大精神，生动鲜活的实践成就，以及英雄模范的先进事迹等引入课堂，推动党的创新理论和历史融入各学段各门思政课。

5. 创新课堂教学方法。各校加强对学生思想、心理及关心的热点难点问题研究，制定针对性的教学方案。善于采用多样化的教学方法，注重发挥学生主体性作用，积极运用小组研学、情景展示、课题研讨、课堂辩论等方式组织课堂实践。有条件的高校要为思政课配备助教，协助开展教学组织、课后答疑等工作。

6. 优化教学评价体系。高校要建立校领导、教学督导、马克思主义学院班子成员、思政课教师和学生参加的多维度综合教学评价工作体系，重视教学过程评价，增加教学研究和教学成果在评价体系中的权重。用好思政课教学评价结果，作为马克思主义学院和班子成员考核的重要指标，作为思政课教师绩效考核、职称晋升、评奖评优等的基本依据。充分发挥教学指导委员会等专家组织作用，开展教学调研指导。鼓励有条件的高校聘请思政课退休教师担任教学督导员、青年教师的成长导师。

三、善用社会大课堂

7. 构建实践教学工作体系。高校要普遍建立党委统一领导，马克思主义学院积极协调，教务处、宣传部、学工部、团委等职能部门密切配合的思政课实践教学工作体系，在马克思主义学院指定专人负责，建立健全安全保障机制，积极整合思政课教师和辅导员队伍，共同参与组织指导思政课实践教学。将思政课教师、辅导员指导学生开展实践活动、指导学生理论社团等纳入教学工作量。参照学生专业实训（实习）标准设立思政课实践教学专项经费。

8. 落实思政课实践教学学时学分。高校要严格落实本科 2 个学分、专科 1 个学分用于思政课实践教学的要求，中小学校要安排一定比例的课时用于学生社会实践体验活动。精心设计实践教学大纲，坚决避免实践教学娱乐化、形式化、表面化。鼓励有条件的高校开设专门的实践教学课。

9. 组织开展多样化的实践教学。教育部持续组织开展中国国际“互联网 +”大学生创新创业大赛青年红色筑梦之旅、习近平新时代中国特色社会主义思想大学习领航计划、“小我融入大我，青春献给祖国”主题社会实践、“技能成才，强国有我”主题教育等活动。高校要紧扣思政课实践教学目标和要求，利用志愿服务、理论宣讲、社会调研等实践活动，开展实践教学。注重总结实践教学成果，把优秀成果作为课堂教学的有效补充，支持出版高校思政课实践教学成果，推动实践教学规范化。

10. 建好用好实践教学基地。教育部会同有关部门，利用现有基地（场馆），分专题设立一批“大思政课”实践教学基地。发挥好教育部高校思政课教师研学基地的实践教学功能。各地教育部门要结合实际，积极建设“大思政课”实践教学基地。大中小学要主动对接各级各类实践教学基地，开发现场教学专题，开展实践教学。有条件的学校可与有关基地建立长效合作机制，加强研究和资源开发。各基地要积极创造条件，与各地教育部门、学校建立有效工作机制，协同完成好实践教学任务。

专栏　建好用好“大思政课”实践教学基地

1. 教育部、科技部联合设立科学精神专题实践教学基地。

2. 教育部、共和信息化部联合设立工业文化专题实践教学基地。

3. 教育部、生态环境联合设立美丽中国专题实践教学基地。

4. 教育部、国家卫生健康委联合设立抗击疫情专题实践教学基地。

5. 教育部、国家文物局联合设立中华优秀传统文化、革命文化、社会主义先进文化专题实践教学基地。

6. 教育部、国家乡村振兴局联合设立脱贫攻坚、乡村振兴专题实践教学基地。

7. 教育部、中国关心下一代工作委员会联合设立党史新中国史教育专题实践教学基地。

四、搭建大资源平台

11. 建设全国高校思政课教研系统。教育部建设“全国高校思政课教师网络集体备课平台”网络支持系统、“青梨派”大学生自主学习系统、高校思政课教学创新中心资源开发系统、高校思政课教学指导委员会指导审核评估系统、高校思政课教师基础数据系统、高校思政课教师研修培训系统等为一体，共建共享、系统集成、全面覆盖的全国高校思政课教研系统。

12. 推进国家智慧教育平台建设使用。教育部把“大思政课”摆在教育信息化的突出位置，加强国家智慧教育平台思政教育资源建设。通过项目支持的方式，推动教学资源建设常态化机制化。组织开发和推荐一批科学权威实用的课件、讲义，推动一线教师统一使用。加强思政课教学资源库建设，实施中小学思政课精品课程建设计划，推出一批思政“金课”。加大优质资源推广使用力度，指导各地各校用好国家智慧教育平台。

专栏　思政课教学资源库

1. 建设教学案例库，组织征集和开发高质量、多形式的教学案例，特别是聚焦习近平新时代中国特色社会主义思想在中华大地的生活实践，开发一批党的创新理论主题案例。

2. 打造教学重难点问题库，建立思政课教学重难点问题征集机制，动态收集学生关注的问题和思想理论困惑，统一组织研究回答，形成教学问题库。

3. 建设教学素材库，建立完善采集、审核、共享机制，充分调动一线思政课教师积极性创造性，持续推出一大批优秀思政课课件、讲义、重难点解析、重要参考文献、教学配图、微视频、融媒体公开课等优质教学素材。

4. 开发在线示范课程库，以国家统编教程为基本遵循，整合全国优秀思政课教师和哲学社会科学专家力量，组织开发高水平在线示范课程。

13. 打造网络教育宣传云平台。教育部会同中央网信办等，组织开展“大思政课”网络主题宣传活动，鼓励师生围绕思政课教学内容创作微电影、动漫、音乐、短视频等，建设资源共享、在线互动、网络宣传等为一体的“云上大思政课”平台。加强高校思想政治工作网、大学生在线、易班等网络平台建设。积极研发成本适宜的虚拟仿真教学资源。组织开展“同上一堂思政大课”活动。各地各校用好“学习强国”等平台，鼓励思政课教师积极参加中央和地方主流媒体的政论、时政节目，广泛传播党的创新理论。

五、构建大师资体系

14. 建设专兼结合的师资队伍。各地各校严格按照要求配备建强高校专职思政课教师、辅导员队伍，提高中小学专职思政课教师比例，实行思政课特聘教授、兼职教师制度，积极聘请党政领导、科学家、老同志、先进模范等担任思政课兼职教师。深入实施马克思主义学院院长（书记）培养工程，通过集中培养培训、委托重大项目、加强实践锻炼、开展国际国内访学等方式，培养一批青年马克思主义理论家。

专栏　建立思政课特聘教授、兼职教师制度

高校要通过建立健全思政课特聘教授制度，选聘优秀地方党政领导干部、企事业单位管理专家、社科理论界专家、各行业先进模范以及高校党委书记校长、院（系）党政负责人、名师大家和专业课骨干教师、日常思想政治教育骨干等加入思政课教师队伍，讲授思政课；通过建立健全兼职教师制度，形成英雄人物、劳动模范、大国工匠等先进代表，以及革命博物馆、纪念馆、党史馆、烈士陵园等红色基地讲解员、志愿者经常性进高校参与思政课教学的长效机制。

15. 搭建队伍研究平台。充分发挥国家社科基金规划项目、教育部人文社科研究项目思政课教师研究专项作用，设立马克思主义理论研究和建设工程后期资助项目，组织教师加强马克思主义理论和思政课教学研究。重点支持开展“大思政课”建设规律、思政课教学难点及对策、大中小学思政课一体化、课程思政等研究。举办习近平新时代中国特色社会主义思想进教材进课堂进头脑系列研讨会。建设辅导员工作室、资助开展课题研究、推广优秀工作案例。

16. 提升队伍综合能力。完善国家、地方、学校三级培训体系，实现思政课教师培训全覆盖。教育部完善“手拉手”集体备课机制，定期组织开展教学研讨活动。开展中小学思政课教师示范培训、教学基本功展示交流活动。建设辅导员网上资源库、开发虚拟仿真实训平台，组织支持开展国情考察。各地教育部门要建立中小学思政课教师轮训制度，依托各级党校和高校马克思主义学院每 3 年对中小学思政课教师至少进行一次不少于 5 日的集中脱产培训。中小学校新进专职思政课教师须取得思政课教师资格。小学兼职思政课教师在上岗前应完成一定学时的专业培训，并考核合格。各地各高校建立专门制度，常态化支持思政课骨干教师到各级宣传、教育等党政机关或基层挂职锻炼、蹲点调研，相关经历纳入评奖评优、干部选聘体系，相关成果作为职称评聘参考。严格落实生均经费用于思政课教师的学术交流、实践研修等，并逐步加大支持力度。

专栏　加强思政课教师培养培训

1. 加强“高校思政课教师信息库”建设。

2. 打造“全国高校思政课教师网络集体备课平台”升级版。

3. 实施“高校思政课教师后备人才培养专项支持计划”。

4. 实施“高校思政课教师在职攻读马克思主义理论博士学位专项支持计划”。

5. 举办“高校思政课骨干教师研修班”和“高校哲学社会科学骨干研修班”。

6. 举办“周末理论大讲堂”。

7. 依托全国高校思政课教师研修（学）基地，组织思政课教师开展分课程、分专题研修活动。

8. “高校思想政治理论课‘手拉手’集体备课中心”和“高校思想政治理论课名师工作室”，举办跨地区、跨学段、跨学校等多形式的集体备课、教学研讨活动。

9. 举办“全国高校思政课教学展示活动”。

10. 开展“高校优秀思政课教师和马克思主义理论学科学生奖励基金”遴选。

11. 开展中小学思政课教师示范培训。

12. 开展中小学思政课教师基本功展示交流活动。

六、拓展工作格局

17. 分层分类开展“大思政课”综合改革试点。教育部围绕实践教学、教师队伍建设、大中小学思政课一体化、问题式专题化团队教学和均衡发展等思政课改革创新重大问题，在北京、天津、上海、江西、陕西等地设立综合改革试验区。地方党政负责同志坚持联系高校并讲思政课。坚持教材编写、师资培养、理论阐释、教学研究相结合，统筹推进习近平新时代中国特色社会主义思想研究中心（院）、国家教材建设重点研究基地、人文社科重点研究基地、师资培训中心、马克思主义学院等建设，开展“联学联讲联研”综合改革试点。深入推进“三全育人”综合改革，持续扩大高校“一站式”学生社区综合管理模式建设试点。

18．深入推进大中小学思政课一体化建设。教育部加强大中小学思政课一体化建设指导委员会建设，支持各地建设一批一体化基地，鼓励高校积极开展与中小学思政课共建。各地教育部门加强引导和协调，建立大中小学师资培育、听课评课、教研交流、集体备课等常态化工作机制。

19．全面推进课程思政高质量建设。教育部组建高等学校课程思政教学指导委员会，研制普通本科专业类课程思政教学指南，组织开展高校教师课程思政教学能力培训，建设一批课程思政系列共享资源库。建成一批课程思政示范高校，推出一批课程思政示范课程，选树一批课程思政教学名师和团队，建设一批高校课程思政教学研究示范中心。加强中小学学科德育建设。

20．扎实开展日常思政教育活动。学校党委书记、校长要在开学、毕业典礼等重要场合，讲授“思政大课”。学校要以重大纪念日、重大历史事件为契机，通过“学习新思想，做好接班人”主题教育、职教学生读党报、新时代先进人物进校园、论坛讲坛、讲座报告会等，组织专题“思政大课”。教育部打造并集中展示一批校园文化原创精品，建设一批文化传承基地。办好“全国大学生网络文化节”和“全国高校网络教育优秀作品推选展示活动”。

七、加强组织领导

21．强化统筹协调。教育部、中央宣传部做好“大思政课”建设的总体谋划。中央网信办指导做好“大思政课”全媒体宣传。科技部、工业和信息化部、生态环境部、国家卫生健康委、国家文物局、国家乡村振兴局、中国关心下一代工作委员会等部门，加强对基地的指导和建设，切实发挥好基地的育人功能。

22．积极推进落实。各地要把“大思政课”建设作为“十四五”时期推动思政课高质量发展的重要抓手，在基地资源、经费投入、队伍建设、条件保障等方面采取有效措施。将中外合作办学院校纳入“大思政课”建设整体布局。各地各校要及时总结宣传“大思政课”建设的好经验好做法，营造良好舆论氛围。